PALOMA HORNOS

INTELIGENCIA EMOCIONAL PARA PADRES

SEGUNDA EDICIÓN

TOROMÍTICO

Ediciones Toromítico • Colección Padres y educadores
Director editorial: Óscar Córdoba
Edición: Isabel Blasco

Síguenos en @toromiticolibros

www.toromitico.com
pedidos@almuzaralibros.com - info@almuzaralibros.com
Parque Logístico de Córdoba. Ctra. Palma del Río, km 4
C/8, Nave L2, nº 3, 14005, Córdoba.

Imprime: Gráficas La Paz
I.S.B.N. 978-84-19962-47-8
Depósito Legal: CO-635-2025
Hecho e impreso en España - *Made and printed in Spain*

Índice

Introducción

Querido hijo mío:

No sé si en cierto modo esperas o deseas que yo sea una madre perfecta. La realidad es que no lo soy. ¿Me gustaría serlo? Pues no lo sé, pero si lo que de verdad quiero es que tú llegues a ser un adulto feliz, tengo la sensación de que ni lo necesitas ni te conviene en absoluto que yo lo sea.

No pretendo aprender a ser una madre perfecta porque sé que nadie me pide que lo sea, más que nada porque, ¿qué es la perfección?, ¿quién dicta esos cánones? Lo que verdaderamente quiero es ser consciente, amorosa, humana; aceptarme tal y como soy, con mis virtudes y defectos, para aceptarte así a ti, hijo mío, que quizá no eres como esperaba que fueras, pero no por eso mereces menos mi amor.

He descubierto, con el tiempo y con la experiencia de tenerte en mi vida, que NO HAY REGLAS para ser una buena madre. Quiero que tengas claro que me esfuerzo cada día en tener más paciencia, buenas intenciones que se volatilizan cuando te descubro embobándote ante tu desayuno cuando ya vamos tarde al cole; te confieso que me propongo no perder los nervios, propósito que se desvanece cuando veo que en vez de estar haciendo los deberes sigues de «charleta» por el WhatsApp; o cuando te «aparco» ante una «peli» para que me dejes un ratito tranquila con mis cosas, o cuando me traigo a casa a tus amigos con la simple intención de que estés entretenido y me dejes acabar de escribir este libro. También te confieso una cosa, que seguro que comprenderás cuando seas mayor: doy gracias cuando se acaban de una dichosa vez las vacaciones… Pero por todo eso no me considero una mala madre, solo HUMANA, y creo que una madre humana es lo que verdaderamente necesitas.

Humana, empática, segura, consciente, con valores y con sueños, porque quiero que tú, mi amor, no el día de mañana sino hoy mismo, seas todo eso y además en versión mejorada.

¿Qué puedo pretender enseñarte si siempre soy perfecta, ecuánime, sosegada, coherente…? Pues a que te sientas culpable o frustrado cuando te des cuenta de que no puedes alcanzar una perfección que tan solo aparento.

Te miras en mí para ser adulto, y de la misma forma que copias mis gestos y expresiones, copias mis reacciones ante lo que me rodea y lo que me pasa. ¡Qué sano es maldecir, enfadarse o frustrarse! Esas no son más que formas que he aprendido para soltar presión. ¿Qué sería de mí sin esas válvulas de escape?

La experiencia me ha enseñado que, si me enfado con un tercero y me lo trago, si pretendo simular que no ha pasado nada, cuando llegue a casa voy a soltar «sapos y culebras» por la boca contra el primero con el que me cruce en el pasillo, y eso, de verdad, no te lo mereces ni tú ni nuestra familia.

Aristóteles, decía: «Cualquiera puede enfadarse, eso es algo muy sencillo. Pero enfadarse con la persona adecuada, en el grado exacto, en el momento oportuno, con el propósito justo y del modo correcto, eso, ciertamente, no resulta tan sencillo». Y yo me enfado, mucho, intensamente y, por ello, ¿soy peor madre? «Ese genio endemoniado», como decía tu bisabuela. Sí, me enfado, me río, me ilusiono, me pongo triste, me apasiono, me siento vulnerable y, a veces, sola… Sí, me gusta sentir tantas cosas, porque sentir mis emociones me hace «sentir» viva, y eso es lo que quiero enseñarte, hijo mío: a sentir la vida.

Tus abuelos, mis padres, me han educado como supieron, con la mejor de sus intenciones y con las escasas herramientas de las que disponían. He crecido con los «no es para tanto», «los chicos no lloran», «sonríe, que no se te note», «cómo te pones por una tontería», «vaya la que has liado»… He crecido negando mis emociones o, en el mejor de los casos, tapándolas, y a mí, y a los padres de tus amigos, ¿nos ha ido bien así? Pues no sé si me ha ido bien o mal, solo sé que he sobrevivido y, a toro pasado, con la experiencia que la vida y los años me han dado, lo que tengo clarísimo es que yo no quiero que tú seas un superviviente como lo puede ser yo, y mi madre, y antes de ella su madre, y así generación tras generación. Quiero que seas un «SÚPER» viviente, y que disfrutes de cada instante, de sus luces y de sus sombras; quiero que te sientas orgulloso de tus éxitos y aprendas de tus tropiezos, que seas capaz de llorar y de mondarte de risa, porque la vida es ¡taaaaan bonita!...

¿Cómo puedo enseñarte el valor de la vulnerabilidad, de los sueños, de la serenidad? ¿Cómo puedo enseñarte el valor de los valores? Descubriéndolo en mí misma, porque tú aprendes por imitación. Por eso es tan importante que yo me conozca, me acepte, me quiera como persona, para saber que lo que siento en estos momentos es solo una sensación y que pasará; que no soy una persona huraña, sino que siento tristeza, o que no estoy atrapada por la ansiedad y el estrés, sino que siento miedo. No soy mis emociones, puedo gestionarlas y puedo elegir cómo sentirme en cada momento.

Quizá con todo esto que te cuento te preguntes: ¿Si eres capaz de gestionar tus emocione te vas a convertir en una madre Zen, en un robot que ni siente ni padece?

Nooooo, rotundamente, NO.

Ser capaz de gestionar mis emociones me convierte en una persona libre, que se enfadará como «todo hijo de vecino» pero que decidirá el momento en el que no quiere seguir sintiéndose enfadada y dispondrá de las herramientas que le permitan llegar a ello.

Como bien sabes, soy muy pasional y me enfado mucho, intensamente, y que hay días que me digo mí misma: «Hoy estoy enfadada, como un basilisco, pero es que ¡me apetece estar enfadada!», y me permito estarlo. Cuando al cabo del rato me canso de ese estado de ánimo que nada me ayuda, decido soltar ese enfado a través de las herramientas de gestión emocional que voy a compartir contigo en este libro. ¡No puedes imaginar la sensación de libertad!, porque YO elijo cómo quiero vivir lo que me va pasando.

Todo eso quiero para ti y todo eso quiero que seas, y para ello he tenido que serlo yo primero, y aprender a quererme y a aceptarme, a gestionar mis emociones. Y esto es lo que te propongo que hagamos juntos con este libro.

Durante los últimos años, como sabes, he estado dirigiendo diversos programas de Educación Emocional en distintos colegios e institutos en España, trabajando con padres como yo y niños como tú, de entre cinco y diecisiete años, y de esa experiencia ha surgido este libro, junto con los testimonios que voy incluyendo entre sus páginas.

Los ejercicios que quiero que hagamos juntos, todos contrastados en mis sesiones, combinan la práctica de *mindfulness* con el desarrollo de la Inteligencia Emocional, con técnicas de gestión de las emociones y potentes herramientas provenientes del *coaching*, dirigidos a:

- Gestionar las emociones.
- Desarrollar habilidades sociales y de comunicación.
- Gestionar el estrés o la ansiedad.
- Estimular la empatía, la consciencia o la serenidad.
- Fortalecer la autoestima.
- Descubrir el valor de los valores.

Somos un todo: cuerpo-mente-emociones y, por tanto, necesitamos herramientas para gestionar estas tres áreas, que se complementan entre sí. De ahí la estructura de este libro:

Primer bloque - CUERPO:

Enfocado desde el *mindfulness* y las técnicas de relajación y meditación para niños, está orientado a que disfrutemos madre e hijo de conectar con nuestra respiración, con nuestro cuerpo, y a que desarrollemos la atención plena. En este bloque aprenderemos juntos a calmarnos, a relajarnos, a concentrarnos.

Segundo bloque - MENTE:

El *coaching* aplicado a niños te va a ayuda a reflexionar sobre las opciones que, de mi mano, vayas descubriendo, pese a que a veces resulten no ser las que yo hubiera escogido para ti. Juntos vamos a descubrir que existen infinidad de opciones, unas constructivas y otras no tanto, fruto de las cuales surgen las consecuencias. A lo largo de estas páginas descubriremos lo importante que va a ser para mí ayudarte a descubrir que TÚ tienes el poder de decisión en tus manos.

Tercer bloque - EMOCIONES:

Ahora que sabemos cómo parar, cómo relajarnos, que también me conozco y te conoces mejor, es el momento de aprender a gestionar nuestras emociones.

Estoy convencida de que a lo largo de este proceso que comienza en la primera página nos sentiremos uno mientras aprendemos juntos herramientas, profundizamos sobre nosotros mismos y yo disfruto del placer de ayudarte a crecer como alguien independiente y autónomo, que ganará seguridad a la hora de trazar tu propio camino.

Coge mi mano y… ¡empecemos!

Te quiere

Mamá

CUERPO

Mindfulness

Nuestra vida está llena de instantes llenos de significado que resultan muy distintos dependiendo de cómo se vivan y de cómo se afronten. Durante este primer bloque os invito, a ti y a tu hijo, a haceros conscientes de esos instantes para que comencéis a disfrutarlos.

Disfrutar del aquí y del ahora supone quitar de nuestro pensamiento lo que pasó o lo que pasará. Supone dejar de recrearnos en aquello que ya no va a ocurrir y apartar de nosotros la incertidumbre por lo que puede venir después.

Transmite a tu hijo, a través de la práctica del *mindfulness*, los beneficios de «dejar de preocuparse para empezar a ocuparse».

Cuando nos preocupamos, y no nos ocupamos, somos incapaces de encontrar una solución para aquello que nos preocupa. Preocuparnos por algo que no podemos controlar (que mis padres enfermen, que mi hijo tenga dificultades en el colegio, etc.) provoca que entremos en un bucle y nos predispone a un estado de ánimo negativo que puede llegar incluso a paralizarnos.

¿Sabías que de los 100.000 pensamientos diarios que tenemos, más del 70% son en clave negativa?

Es decir: vemos las cosas con «peor pinta»
de la que tienen en realidad.

Nuestro cerebro no distingue entre realidad e imaginación, es decir, si pienso que algo va a pasar, está ocurriendo en mi mente en ese momento. De ahí que nuestra calidad de vida dependa tanto de la calidad de nuestros pensamientos.

Diego vivía permanentemente preocupado, si no eran los exámenes eran sus amigos, si le invitaban a un cumpleaños, porque lo invitaban, si no lo hacían era un drama. Creía que los niños no padecían de estrés, pero desde luego mi hijo era un niño estresado. Desde que practica todos los días un ratito de mindfulness *al despertar, la vida le ha cambiado. Se lo toma todo de otra forma, más relajado. Le veo tan feliz ahora...*

MILAGROS, MADRE DE DIEGO (10 años)

Engancharnos a nuestras preocupaciones nos impide vivir el momento presente

El propósito de este bloque es facilitarte herramientas sencillas y divertidas para apartar de tu mente las preocupaciones, dándote la posibilidad de estar presente en cada instante, presente con tu atención.

Todos, niños y adultos, hemos de enfrentarnos a situaciones que preferiríamos no tener que afrontar. Todos, en algún momento, podemos encontrarnos en medio de un huracán, y es precisamente en esos momentos cuando necesitamos algo que nos aporte estabilidad, serenidad, algo en lo que apoyarnos hasta que ese huracán amaine. La atención plena, el *mindfulness*, es eso.

El *mindfulness* no es un ungüento mágico que cura heridas, ni tampoco una forma de terapia o una mirada hacia tu interior, sino una herramienta que te permite crear distancia entre tú, tus pensamientos y emociones, para observarlos sin juzgarlos y sin la necesidad de reaccionar automáticamente.

No sabíamos qué hacer con las reacciones de Teresa, tan excesivas siempre. La orientadora del instituto nos recomendó asistir a unas clases de mindfulness y nos ha cambiado a todos la vida. Desde que ha aprendido a hacer lo que ella llama «su momento kit-kat», todos en casa nos sentimos más tranquilos. No pretendo echarle a

Lucas, padre de Teresa (13 años)

Mindfulness tampoco tiene que ver con un método para hacer que cambien mis circunstancias, ni consiste en pensar en positivo; de hecho, no tiene nada que ver con pensar o hacer. Se trata de SER, aceptar y observar aquello en este instante que está ocurriendo.

Podríamos decir que practicar *mindfulness* es como pulsar el botón de pausa: cuanto más consciente eres de lo que está ocurriendo, ya sea fuera o dentro de ti, menos te pierdes lo que en realidad está ocurriendo.

Lourdes, madre de Iván (11 años)

El *mindfulness* no es solo un entrenamiento, sino una manera de vivir más consciente que proporciona a los más pequeños enormes beneficios:

- Pueden concentrarse mejor, mejorando su atención, su creatividad y, cómo no, su rendimiento académico.
- Les ayuda a recuperar la tranquilidad y el equilibrio.
- Aprenden a responder, no a reaccionar.
- Les ayuda a ver más claramente lo que sucede en su interior y en su entorno.
- Desarrolla la compasión y la mirada amable hacia ellos mismos y hacia los demás.
- Mejora habilidades psicosociales como la paciencia o la empatía, entre otras.

19

A lo largo de estas páginas encontrarás diversos ejercicios sencillos que no requieren más preparación que tener la intención y las ganas de hacerlos.

- Entrena, practica con constancia y paciencia: Planifica un horario, por ejemplo, dos o tes días a la semana, siempre a la misma hora. En el caso de niños de cuatro o cinco años de edad, con unos cinco minutos de práctica es suficiente, mientras que los mayores pueden mantener la atención hasta quince minutos. Por supuesto, si ves que tu hijo está disfrutando de un ejercicio, alárgalo hasta que notes que empieza a dispersarse. Entrenar es la palabra, por tanto, los resultados no son inmediatos; que no se convierta en momentos puntuales, sino en una práctica regular, para que pueda integrarlo en su vida.
- Elige el lugar y el momento idóneo: Salvo algunos ejercicios en los que se especifica cuál sería el lugar perfecto para realizarlos, es aconsejable buscar un lugar tranquilo en el que no haya interrupciones. Con el tiempo, podréis hacer los ejercicios en lugares más bulliciosos o en entornos de su día a día. Podéis realizarlos tumbados, sentados cómodamente en un sillón o erguidos en una silla. Probad de diferentes maneras y en diferentes escenarios, así percibiréis sus diferencias y estaréis practicando el «estar presente», de forma consciente, en lo que percibís, sentís o pensáis.
- Explora todos los ejercicios aunque de entrada alguno no te parezca que le puede gustar a tu hijo. Repite aquellos que le sean especialmente atractivos, divertidos o fáciles. Como decíamos al principio del capítulo, cada momento es único, así que, aunque el ejercicio pueda ser el mismo, su experiencia será distinta en cada ocasión.
- Innova, crea: Utiliza tu imaginación para enriquecer cada juego, para hacerlo único, inolvidable y transformador.
- Comparte estos momentos con tu hijo: Además de divertido, te resultará muy motivador practicar con tu hijo, disfrutando de una experiencia compartida. Una vez entienda las diferentes

técnicas, no le prives de la oportunidad de crear sus momentos de introspección y de practicar también en solitario.

- Revisa tu actitud: Los niños aprenden jugando, por tanto, propón la práctica de los ejercicios con una actitud de disfrute, despertando su curiosidad y ansia de aventura, pero siempre, de forma relajada. No insistas, si el niño se resiste siempre puedes buscar otro momento más adecuado.

- Acepta lo que quiera que ocurra, valorando con inmenso amor su esfuerzo: Habrá días con gran disposición en los que todo saldrá rodado y otros en los que tu hijo se encuentre distraído, más tenso: perfecto, eso es parte de esta experiencia. Haz que se dé cuenta de ello. Haga lo que haga, ocurra lo que ocurra, lo estáis haciendo bien.

- Escucha y pregunta: Cómo ha ido, qué le ha parecido y qué ha descubierto. Pídele que exprese sus sensaciones al terminar cada ejercicio. Si le apetece compartirlo contigo perfecto y si no, también. Lo importante es que se quede con la idea de observar lo experimentado.

Es muy recomendable introducir esta práctica en casa. Precisamente ese es el porqué de este libro: que juntos, tu hijo y tú podáis realizarla.

Crear rutinas como detenerse unos minutos al día para cerrar los ojos, sentir el calor del sol en la piel o la caricia del viento, notar la propia respiración; hacerse consciente de los pensamientos, emociones y sensaciones del propio cuerpo, sin duda, puede tener un gran impacto en toda la familia.

Aprendamos a respirar

Respirar es una acto natural que pasa desapercibido pese a ser la fuente de nuestra vitalidad.

Precisamente por ser un acto inconsciente, siempre que ponemos nuestra atención en la respiración estamos centrados en el momento presente.

Tu respiración forma parte de ti y puedes aprender mucho de ella. Te permite darte cuenta de si estás inquieto o calmado y descubrir cómo tu estado varía dependiendo del ritmo que des a tu respiración.

Observándola te vuelves mucho más consciente de tu mundo interior, te das cuenta del ahora y, eso, es la base de la concentración y del *mindfulness*.

Del mismo modo que la observación de tu respiración te informa sobre lo que está ocurriendo dentro de tu cuerpo, de cómo te sientes, esa observación puede hacer que te relajes, que te calmes, ya que detiene los pensamientos que te han llevado a sentirte atrapado en una situación angustiosa.

El primer paso para «reaccionar de una forma consciente» es no-reaccionar de forma automática y eso se consigue llevando tu atención a tu respiración, haciéndote consciente de los movimientos de tu pecho, de tu inspiración y tu espiración y de las sensaciones del aire entrando y saliendo por tu nariz o pasando por tu garganta.

Nuestra mente está diseñada para pensar y lo que tenemos que darle es algo en lo que mantenerse entretenida para que no tenga que pensar. ¿Qué mejor que tenerla entretenida con el acto de respirar?

¿Cuáles son los beneficios que nos aporta la observación de la respiración?

- Mejora la concentración, por lo tanto, la capacidad de memorización.
- Nos ayuda a conectar con nuestro mundo interior, desde la simple observación.
- Desarrolla nuestra capacidad de visualización, nuestra imaginación y creatividad.
- Nos permite reaccionar de forma menos impulsiva.

A lo largo de las siguientes páginas encontrarás una serie de propuestas que, a través del juego, te permitirán enseñar a tu hijo a hacerse consciente de su respiración y, por tanto, de su mundo interior.

Acunando a mi peluche

Para este ejercicio necesitaréis su peluche o su muñeco favorito; tú también coge otro muñeco, para hacer este ejercicio juntos.

Tumbaos boca arriba y poneos los peluches encima de la tripa. Mientras lo sujetáis con suavidad con las dos manos, inspiraréis y veréis que el vientre se hincha y el peluche sube; espirar hará que el vientre se deshinche y el peluche baje. Comienza a contarle una historia sobre vuestro peluche: que está cansado y quiere dormirse, pero como se siente intranquilo necesita que le hagáis mimos y le acunéis hasta quedarse dormido. Eso es lo que vais a hacer: vais a acunarlo con vuestra respiración. Siguiendo el ritmo natural de respiración, con mucho cuidado y cariño para que vuestro peluche no se sobresalte y se pueda quedar tranquilo, comenzaréis a inspirar y espirar, moviéndolo arriba y abajo, acunándolo hasta sentir que queda dormido.

Viaje por la mar salada

Esta es una variante del ejercicio anterior, para la cual necesitaréis construir antes un barco de papel con una hoja de periódico o un papel. Aprovechad para decorarlo y ponerle el nombre escrito en la borda.

En esta variante vais a imaginar que los movimientos de vuestro vientre son las olas que mecen el barco y que el barco realiza un viaje por un mal en calma, con olas suaves que le hacen subir y bajar.

El globo

Invita a tu hijo a imaginar que dentro de vuestra barriguita hay un globo que se hincha y se deshincha cuando tomáis aire y lo soltáis. No necesitáis en realidad ningún elemento, solo jugar con la imaginación, dándole color, tamaño y olor a ese globo alojado en vuestra tripa.

Paseo por las montañas

Este ejercicio lo podéis realizar tumbados, sentados o de pie, como os resulte más cómodo. En realidad, podréis hacerlo en cualquier lugar y en cualquier ocasión, y esa es la idea.

Consiste en imaginar que estáis dando un paseo por las montañas.

Pídele que abra una de sus manos, estirando bien los dedos y separándolos entre sí. Esa mano representará la cadena de montañas por la que vais a caminar de forma imaginaria. Con el dedo índice de la otra mano va a ir recorriendo todo el contorno de su mano, como si estuviera subiendo y bajando montañas. Cada vez que su dedo índice sube por el contorno de un dedo, representará que estáis trepando una montaña e inspiraréis, y cada vez que bajéis recorriendo el dedo, será como si estuvierais yendo ladera abajo y espiraréis.

Inspira mientras sube a lo largo de un dedo. Espira cuando baja, acariciándolo. De esa forma irá recorriendo todos los dedos de la mano, desde el meñique hasta el pulgar. Subes, tomas aire; bajas, sueltas el aire y te vacías.

Podéis realizar este ejercicio solo con una mano o recorriendo las dos.

Una buena ocasión para realizar este ejercicio podría ser mientras esperáis vuestro turno en una cola o en una sala de espera, o durante un viaje en coche. Aprovecha para practicarlo en todos esos momentos muertos que, de no estar entretenido tu hijo, puede empezar a aburrirse e incomodarse.

El juego de los imanes

Tumbaos boca arriba y colocad ambas manos abiertas, con los dedos extendidos sobre el vientre, de modo que las puntas de los dedos corazón de ambas manos se toquen.

Imaginad que tenéis unos pequeños imanes en la punta de esos dedos, que cuando se acercan se pegan.

… inspira y los dedos se separan…
… espira y los dedos se vuelven a pegar.

Damos la bienvenida a la primavera

Buscad un lugar en el que tengáis suficiente espacio para abrir los brazos sin chocaros con nada. Por cierto, realizar este ejercicio al aire libre es una auténtica delicia.

Colocaos de pie, con los brazos a ambos lados del cuerpo, relajados, vuestros ojos abiertos y las piernas juntas.

Siente que eres un árbol que, a través de tus piernas, que son el tronco, llega la energía hasta las ramas, que son tus brazos, mientras que de tus pies salen unas raíces fuertes que te sujetan al suelo. Te sientes poderoso. Ningún viento, por fuerte que sea, te puede mover.

Inspira lentamente, subiendo los brazos y estirándolos como si crecieran tus ramas buscando los rayos del sol. Estírate todo lo que puedas mientas coges aire, poniéndote de puntillas.

Cuando sueltes el aire, lentamente vuelves a poner las plantas de tus pies en el suelo mientras dejas caer los brazos otra vez a los lados de tu cuerpo, mientras sientes cómo los rayos del sol que cogiste al estirarte se reparten por todas las ramas, bajan por el tronco y llegan hasta las raíces.

… inspira y crece…
… espira, descansa y siente cómo los rayos de la primavera se reparten por tu árbol.

La rana que no es príncipe

Una rana es un animalito que puede dar grandes saltos, pero también puede quedarse muy quieta, sentada sobre un tronco en el río, observando todo lo que pasa a su alrededor con sus ojos enormes; quieta, sin moverse, para que el tronco no se dé la vuelta y caiga al agua. Su tripa se hincha cuando entra el aire y se deshincha cuando sale el aire.

Vamos a sentarnos en el suelo, muy quietos, con los ojos abiertos y observando todo, y a respirar como la rana. Durante un rato vamos a estar quietos como una rana, sintiendo cómo la barriga se hincha un poco y después se hunde otra vez.

¡A soplar la vela!

Explica a tu hijo que este juego consiste en aprender a respirar de manera profunda, es decir, cogiendo mucho aire por la nariz, inflando la barriga y soltando el aire muy poco a poco para apagar una vela.

Nos sentamos en una silla, a unos dos metros y medio de una vela encendida encima de una mesa. Sin levantarnos ni inclinarnos hacia delante, comenzamos a tomar aire, llenando nuestras barrigas para luego soltarlo muy muy despacio, todo seguido, para conseguir apagar la vela. En vez de dar un gran soplido, enséñale a controlar la espiración, que sea lenta y prolongada.

Al minuto, como cabe esperar que no haya apagado la vela, nos acercamos a la mesa unos quince centímetros y volveremos a realizar el ejercicio desde esa distancia; así sucesivamente, aproximándonos a la vela, hasta que consigamos apagarla.

Con estos sencillos ejercicios, que tu hijo ha vivido como un juego, le hemos iniciado en la observación de su respiración, ha aprendido a modularla, a tomar mucho aire y soltarlo despacito. Ahora que es consciente de ella, de cómo se siente al respirar de una forma sosegada, es el momento de animarle a que la observe de vez en cuando:

- Cuando esté entretenido jugando, relajado, absorto en su juego, llama su atención sobre su respiración, para que se haga consciente de cómo es: pausada, tranquila, rítmica. Darse cuenta de ello le permitirá saber cómo ha de respirar cuando necesite sentirse así.
- Cuando esté haciendo deporte, activado, alerta, pídele que se pare para sentir cómo está respirando. Ello le permitirá identificar su patrón de respiración cuando está en alerta.
- En un momento que estéis charlando tranquilamente, por ejemplo, durante la cena, pídele que observe cómo está respirando. Así notará cómo se siente cuando está tranquilo pero activado.
- Viendo una película de acción o de suspense. Llama su atención hacia el hecho de que quizá esté conteniendo su respiración, y que eso le puede producir tensión. Hazle ver que si, pese a la tensión del momento, sigue respirando pausadamente, dejará de parecerle un momento emocionalmente tan tenso. De ese modo aprenderá que, cuando se sienta tenso, conectar con una respiración sosegada le puede sacar de ahí.

A partir de estos ejercicios e indicaciones, utiliza tu imaginación y crea momentos y situaciones mágicas en la que puedas compartir con tu hijo los beneficios de una respiración consciente y controlada.

Vacía tu cabeza para escuchar tu cuerpo: la relajación

Juegos de relajación para criar niños serenos

El estrés o la ansiedad no solo afecta a los adultos, sino que hoy en día, y cada vez más, los niños muestran alteraciones en su conducta en respuesta a situaciones que les generan incertidumbre o miedo.

Vivimos en una sociedad que fomenta la prisa, los estímulos rápidos y, sobre todo, la gratificación inmediata, por eso es de vital importancia que les proporcionemos recursos que favorezcan la serenidad

Así, basándome en esta premisa, he recopilado para ti algunos juegos de relajación que además te pueden servir para compartir momentos de entretenimiento con tu hijo mientas los practicáis. Te invito a que acompañes a tu hijo a descubrir sencillas técnicas que le ayudarán al desarrollo de su inteligencia emocional.

Con ejercicios como estos le inculcas hábitos saludables que le serán muy útiles a lo largo de su vida.

¿Qué beneficios aportan a los niños las técnicas de relajación?

Antes de nada, hemos de tener en cuenta que la relajación no es un ejercicio que se realiza de forma puntual.

Si queremos conseguir efectos positivos a largo plazo, los ejercicios de relajación han de realizarse de forma habitual.

Si los incorporamos a nuestras rutinas de juego con nuestros hijos, conseguiremos:

- Disminuir la tensión tanto muscular como mental y canalizar su energía.
- Reducir la ansiedad.
- Mejorar, o solucionar, dificultades de sueño.
- Desarrollar la memoria y la concentración.
- Aumentar la confianza en sí mismos.
- Alcanzar un estado de bienestar general.

A nivel emocional, las técnicas de relajación consiguen que nuestros hijos sean capaces de reconocer cuándo se sienten tensos, cuándo se enfadan o se ponen agresivos, y supone una herramienta muy valiosa para responder a esas alteraciones emocionales.

Momentos de relajación para bebés hasta los tres años

Si bien este libro, por las herramientas que planteo, está orientado a niños de mayor edad, la relajación es un hábito beneficioso para los más pequeños de la casa y, por tanto, no quiero dejar de proponértelo.

Como a esas edades aún son muy jóvenes y no han desarrollado apenas su independencia, no podremos darles instrucciones de relajación pretendiendo que las sigan, pero precisamente su corta edad favorece que resulte para ellos más sencillo crecer con momentos de relajación integrados en su vida diaria.

- **¿Cuándo aplicarlos?**

Escoge un momento del día en el que tengas un rato para estar a solas con tu bebé; idealmente, antes de ponerle a dormir, ya que estas técnicas de relajación favorecerán que aprenda a dormir solo, relajado, y le ayudarán a conciliar el sueño.

- **¿Cómo aplicarlos?**

Coloca a tu bebé estirado sobre una superficie cómoda y mullida, con luz tenue, música suave, una temperatura agradable y asegúrate de que no haya nada que pueda distraer su atención sobre ti.

Te recomiendo que practiques en su habitación para que relacione su cuarto como un lugar tranquilo donde puede descansar.

Háblale dulce y pausadamente. Hacerlo así te resultará a ti muy relajante, relajación que le transmitirás a tu pequeño. Háblale de lo que quieras, que sienta tu voz y que la identifique como un elemento calmante y relajante.

A medida que vas contándole un cuento, por ejemplo, o mientras le dices lo mucho que le quieres, aprovecha para darle un masaje en sus manitas, en sus pies o en la espalda. En esta etapa es muy importante el contacto físico sin llegar a tenerlo entre tus brazos. Mantener el contacto físico con tu bebé mientras está en su cuna o sobre la cama o un sofá, potencia su autonomía y su independencia ya que le enviamos el mensaje de «estoy aquí para calmarte y darte mi amor, pero no eres parte de mí, eres una personita, dueño de tu propio cuerpo».

Si realizamos estos ejercicios justo antes de dormir, el niño aprenderá que dormir es una experiencia plácida y relajante, por lo que estaremos trabajando un buen hábito de sueño.

Juegos de relajación para niños de tres a siete años

Esta edad es un momento fantástico para empezar a trabajar la relajación guiada ya que comienzan a ser bastante autónomos y tienen una imaginación desbordante.

- **¿Cuándo aplicarlos?**

Se pueden realizar a cualquier hora del día, pero quizá lo más adecuando es hacerlo justo antes de dormir, cuando el niño ya se ha lavado los dientes y tiene puesto el pijama.

Un momento perfecto es aprovechar el cuento de buenas noches para introducir instrucciones de relajación y visualización guiada; así dormirá más relajado y caerá antes en el sueño.

- **¿Cómo aplicarlos?**

El ambiente ha de ser como en el caso anterior, intimo, relajante, tranquilo, con luz tenue y una temperatura agradable. Si quieres puedes poner algo de música de relajación, para generar una atmósfera aún más serena.

Esta etapa es la mejor para comenzar a jugar con su imaginación mientras trabaja y descubre su cuerpo. Se trata de incluir sencillos elementos imaginativos que el niño tenga muy identificados y que pueda imitar con los movimientos con su propio cuerpo. Los movimientos que le invitaremos a hacer han ser lentos y calmados, de lo contrario, estaríamos activándole en lugar de relajándole.

- **Soy una tortuga**: Imitar a una tortuga le va a llevar a realizar movimientos lentos de brazos y manos, sintiendo cada movimiento. Aprovecha para contarle un cuento cuyo protagonista sea una tortuga que pasea por el bosque y que ha aprendido que cuando se encuentre con algo que le asuste puede meter corriendo la cabeza en su caparazón.

  Mediante este sencillo juego de imitación estaremos enseñándole a ejercitar la tensión muscular en cuello y hombros para, después, relajarlos. También aprende que, ante algo que da miedo, es importante relajarse y darse un instante de reflexión (dentro del caparazón) antes de actuar.

- **Soy un globo**: Explícale que es un pequeño globo que se va a empezar a inflar muy poco a poco.

  A medida que se infle, tomando aire por su nariz, lentamente, ha de imaginar que sus brazos y sus piernas se hacen grandes, enormes. Cuando esté inflado del todo comenzará a deshincharse poco a poco, soltando el aire despacito por la boca.

- **El árbol que nació de una semilla:** Invítale a jugar juntos a crecer como un árbol desde su semilla.

  Comenzaréis por poneros de rodillas en el suelo con la cabeza entre los hombros y los brazos extendidos hacia adelante, como si fueseis gatitos estirándoos.

  Sois una semilla que, al son de la música, muy despacito, porque los árboles crecen despacito, va creciendo y creciendo, convirtiéndose en un árbol enorme con hermosas ramas, que serán vuestros brazos muy extendidos hacia arriba cuando ya estéis de pie.

- **Soy una hormiga**: En este juego tu hijo ha de hacerse pequeño, muy chiquitito, y mover brazos y piernas encogidos como si fuera una pequeña hormiga panza arriba. Con este movimiento estaremos provocando una tensión muscular que relajará cuando le pidamos que, poco a poco, se vaya transformando en otro animal más grande.

- **Papá Peluche:** Tu hijo va a ser el papá o la mamá de su muñeco de peluche, y que lo quiere tanto, tanto, tanto, que lo abraza muy muy fuertemente. El peluche se cansa de ese abrazo de oso y empieza a protestar y entonces, para que el peluche no se ponga a llorar, ha de soltarlo.

  Con este ejercicio le invitamos a crear tensión muscular, que soltará cuando su peluche le pida que lo haga. Además, estaremos creando un vínculo interesante con el peluche, que se convertirá en un elemento relajante más que podrá utilizar siempre.

Como ves hay posibilidades e infinitos juegos, solo tienes que recurrir a tu imaginación y creatividad. Permítele a él que invente versiones a medida que exploréis estas que te planteo.

- **¿Qué se consigue con los juegos de relajación a esta edad?**

  Todos van encaminados a que tu hijo conozca las sensaciones de tensión y relajación de su cuerpo, y a saber que puede relajarse en momentos de tensión o antes de ir a dormir.

  Con el ejercicio del globo, concretamente, y algún otro que puedas imaginar de ese tipo, estarás empezando a trabajar con el control de la respiración, que le va a ser muy beneficioso más adelante para realizar los ejercicios de respiración consciente dirigidos a niños de mayor edad.

Técnicas de relajación para niños de siete años en adelante

Si tu hijo tiene esta edad ya te habrás hecho a la idea de que tu pequeño ya se considera «mayor». Esto, aunque para otras cosas te complique la vida, en lo que a relajación se refiere supone una ventaja: puede empezar a practicar de forma autónoma.

A esta edad es muy importante que empiece a distinguir entre estado de relajación y estado de excitación, para posteriormente, recurrir a estas técnicas cuando se note tenso o estresado.

A los más pequeños les hacíamos ver que eran juegos, pero a esta edad debemos llamar a la técnica de relajación por su nombre, ya que tu hijo debe aprender que esto que está haciendo sirve para relajarse y que puede serle útil, no solo cuando lo estéis practicando, sino en cualquier momento que lo necesite.

A esta edad aprovéchate de su imaginación, que será el recurso que más utilizaréis en las relajaciones. Imaginar un paisaje o un sonido o pensar en un color le va a ayudar a la hora de sentirse bien y tranquilo.

• ¿Cuándo aplicarlas?

Va a serle muy beneficioso antes de dormir o cuando se vaya aproximando la hora de acostarse, ya que mejorará su sueño, aunque la idea es que se dé cuenta de que puede aplicarlas en cualquier momento durante su día.

El objetivo es que se familiarice con las sensaciones, que aprenda a identificar en su cuerpo las señales de tensión y las de relajación y descubra que puede activarlas a voluntad.

• ¿Cómo aplicarlas?

Como todo entrenamiento es necesario que la situación sea optima, es decir con disposición de atender al ejercicio, en un entorno tranquilo sin ruidos ni distracciones y con una temperatura agradable.

Si notas que tu hijo está muy nervioso, no empieces directamente con los ejercicios, sino haz un paso intermedio que puede ser, por ejemplo, darle un masaje, o pedirle que cierre sus ojos, deje sus piernas y brazos muertos y sacudirle piernas y brazos, para inducir una relajación muscular que le ayudará a tranquilizarse.

Es muy importante que el tono de tu voz, tus movimientos y gestos sean también relajados, háblale con suavidad y cuando le toques, procura hacerlo suavemente, sin provocarle sobresaltos.

¿Cómo utilizar las técnicas de relajación?

Las sesiones de relajación con los niños a cualquier edad han ser cortas ya que se suelen dispersar y perder la atención con facilidad. Si vieras que en medio de un ejercicio el niño se desconcentra, no dudes en cambiar de ejercicio. Si vieras que sigue disperso, eso significa que no es el momento adecuado y será mucho mejor que lo volváis a intentar en otro momento.

La relajación es algo que no se aprende de un día para el otro. Has de ser paciente, practicar de forma habitual y empezar cuanto antes para que el niño se vaya acostumbrando.

A cada niño le funciona un tipo de ejercicio. En las siguientes paginas encontrarás varias propuestas más, además de los ejercicios anteriores para niños más jóvenes, que puedes adaptar a esta edad incluyendo visualizaciones; explóralas todas para ver qué tipo de ejercicios es el que más le gusta o más fácil le resulta a tu hijo.

En el capítulo MENTE, en el apartado correspondiente a «Estrategias para conectar mejor con tu hijo» (página 129), hablaremos sobre las distintas formas que tenemos de interpretar el mundo; unos somos más visuales, otros más auditivos, otros más de piel. En ese capítulo aprenderás a identificar cómo es tu hijo y con esa información podrás realizar relajaciones mucho más específicas para él. Si tu hijo es muy visual, como verás en el capítulo, déjale que se recree en imágenes, si es auditivo en sonidos y si es kinestésico, es decir, es más de piel, permite que se centre en las sensaciones que percibe.

- **Relajación progresiva:** A través de esta técnica vais a trabajar juntos para ser capaces de diferenciar entre la tensión y la relajación de las distintas partes del cuerpo, así como en el control de la respiración.

  Pídele que cierre los ojos y que se imagine en un lugar agradable. Déjale unos segundos para que lo represente en su mente, es decir, que visualice con todos los detalles posibles. Como se trata de focalizar su atención, de que su mente esté atenta a lo que estáis haciendo, dirige tú la visualización, ve narrando lo quieres que imagine; describe la escena, con todos los detalles posibles, temperatura, colores, elementos, sensaciones, como si estuvieras describiendo las imágenes de una película. Una vez hayáis practicado este ejercicio varias veces, le puedes pedir que sea él quien te lo describa a ti en voz alta, para que la imagen sea aún más real en su cerebro.

Una vez esté inmerso en esa visualización, en esa situación imaginada, es el momento de ayudarle a focalizarse en las sensaciones que percibe en su propio cuerpo, con frases como:

▶ «Pon tu atención en tu brazo derecho. Poco a poco irás notando que empieza a estar más calentito. ¿Verdad que lo notas un poco más caliente que el resto del cuerpo?»
▶ «Siente cómo tu brazo pesa mucho, como si fuera de hierro».
▶ «Te sientes relajado y tranquilo».

Y así haréis un recorrido por todo su cuerpo.

- **Soy un globo:** Este ejercicio es similar a otro que has visto en el apartado anterior, para niños más pequeños, pero como a esta edad ya tienen otras capacidades, esta nueva versión es un poco más elaborada.

  Pide a tu hijo que imagine que su cuerpo se convierte en un pequeño globo, que aún está vacío y arrugado; que imagine de qué color es, su olor, su textura….

  Va a empezar a tomar aire por su nariz para inflarse, muy poco a poco, hasta que esté totalmente lleno, justo a punto de estallar.

  A medida que se infla ha de imaginar que siente cómo sus brazos y sus piernas se hacen grandes, muy grandes, mientras toma aire por su nariz lentamente. Cuando esté inflado del todo, a punto de estallar, comenzará a deshincharse poco a poco, soltando el aire despacito por la boca.

- **El globo sin nudo:** Como variante del ejercicio anterior, podemos decirle que cuando esté lleno al máximo, se imagine que no tiene un nudo en la punta y que es un globo al que sueltan de repente. Pídele que sienta cómo se va vaciando deprisa, imitando con su cuerpo los movimientos y el ruido de un globo que sale disparado al vaciarse.

Para añadir más elementos creativos también podemos decirle que el aire tiene otro color distinto del globo y que se imagine cómo a medida que ese nuevo color entra, va cambiando el color del globo, mezclando los colores.

Juega con tu imaginación y disfruta de crear algo juntos.

- **Otros ejercicios de tensión-relajación:**
  - Imagina que tu cuerpo fuera elástico, que puedes estirarlo y estirarlo como si fuera de goma Siente como si una persona estuviera tirándote de tus brazos, otra de tus piernas y una tercera de tu cabeza. Como eres de goma no hay peligro de que te rompas, así que aprovecha para ver hasta donde puedes estirarlos.

    Esas personas estiran y estiran y, cuando sientas que ese es el máximo que te puedes estirar, diles que ¡suelten de golpe! Verás qué sensación tan agradable recorrerá tus músculos.
  - Imagina que tienes un limón en una mano y quieres hacer un buen zumo, pero no tienes exprimidor. Aprovecha para invitarle a que imagine el limón con todos sus detalles, textura, olor color y cómo pesa en su mano.

    El ejercicio consiste en trata de exprimir ese limón con la mano, apretándolo con todas tus fuerzas hasta que no quede ni una gota de zumo dentro.

    Cuando ese limón esté exprimido lo tirará al suelo enérgicamente y podrá volver a intentarlo con otro limón en la otra mano.

    Siempre que utilices una mano o una pierna, es decir, uno de los lados de su cuerpo, recuerda trabajar con el otro lado también antes de terminar el ejercicio. Cada lado de nuestro cuerpo está regido por cada uno de nuestros hemisferios cerebrales y hemos de trabajar con ambos para que la relajación sean integral.

▶ Imagina que tienes la boca llena de tu comida preferida. Siéntela, siente su sabor, su textura, imagina sus colores dentro de tu boca. Mastícala muy muy lentamente saboreándola, sintiendo cómo se hace papilla y traga lentamente, observando el sabor que ha dejado en tu boca.

¿Cuál es el objetivo de todas estas técnicas de relajación?

Como hemos adelantado al principio de este capítulo, a través de estos ejercicios conseguirás que el niño reconozca las sensaciones de tensión y relajación de su cuerpo.

Es importante que, al acabar cada ejercicio, recalques que, dado que solo necesita de su imaginación y de su respiración para hacerlos, y tanto su respiración como su imaginación son «instrumentos» que lleva siempre consigo, puede hacer estos ejercicios en cualquier momento que lo necesite y en cualquier lugar. Invítalo a que se observe y reconozca cuándo tiene los músculos en tensión y si puede hacer algo para relajarlos con la ayuda de alguno de estos ejercicios.

El objetivo final es que sea capaz de llevar este tipo de ejercicios a cualquier sitio, por ejemplo, en el colegio. Podemos decirle que, si se pone nervioso en clase, agarre el asiento de la silla con las dos manos, mientras está sentado y tense los brazos y el tronco al mismo tiempo, como si fuera a arrancar el asiento de las patas, mientras que hace fuerza con los pies en el suelo, y suelte de golpe. Podrá sentir una oleada de relajación que serenará su ánimo.

En concreto, el ejercicio del globo le puede ayudar cuando sienta que no puede soportar una situación o a alguien, cuando algo le moleste o sienta que se está empezando a enfadar. Ir soltando el aire poquito a poquito arrastrará ese sentimiento o esa sensación fuera de ellos.

Esto lo veremos mucho más desarrollado en el bloque EMOCIONES.

Otros recursos para trabajar la relajación

• **Colorear mandalas:** Esta herramienta es una de las que más repercusión ha tenido durante los últimos años. Resulta muy útil tanto para niños como para adultos ya que, no solo favorece la relajación sino también la capacidad de concentración, la reflexión y la creatividad. En librerías y en Internet podrás encontrar numerosas propuestas que os encantarán.

- **El frasco de la calma:** Llamamos frasco de la calma a un bote lleno de un líquido en el que hay partículas de purpurina que se mueven por dentro del frasco. Consiste en agitar el frasco y observar el movimiento de la purpurina. Fue desarrollado por María Montessori[1] como una idea revolucionaria para calmar los berrinches y pataletas de los niños.

El frasco representaría su mente mientras que la purpurina serían sus pensamientos y sus emociones. Estos se agitan y agitan pero, si te concedes un momento de tranquilidad, si te relajas, tu pensamientos dejan de moverse de un lado a otro hasta que paran, de la misma forma que la brillantina cae al fondo. Es un recurso ideal para fomentar la reflexión.

La sola observación de la purpurina moviéndose lentamente les ayudará a concentrarse y relajar su mente tras momentos de gran activación.

El frasco de la calma permite que, a través de la atención focalizada y un ritmo respiratorio constante, su sistema nervioso regrese al estado de calma y equilibrio. Como ves, está orientado tanto a la relajación como a la gestión de las emociones.

Podrás descubrir más sobre esta herramienta e instrucciones para realizarla, en el tercer bloque, EMOCIONES, dentro del capítulo de «Juegos para liberar emociones».

---

[1] María Montessori (1870-1952), pedagoga, psiquiatra, filósofa, antropóloga, bióloga, fue la primera mujer italiana que se graduó como doctora en medicina. Supuso una revolución en los métodos pedagógicos de principios del siglo XX. Defendía que el juego es la principal actividad a través de la cual el niño observa e investiga todo lo relacionado con su entorno, de una manera libre, lúdica y espontánea.

Entrena la atención: sentir

Como te decía en el capítulo anterior, idea que te irás encontrando una y otra vez a lo largo de este libro, nuestra mente está diseñada para pensar, y pedirle que no piense es hacer que piense (en nada). Por eso, para lograr que nuestros pensamientos no divaguen, para no llenarnos de ideas no deseadas, hemos de darle algo en lo que mantenerse entretenida. ¿Qué mejor que tenerla entretenida con el acto de sentir? A eso es a lo que te propongo que juegues con tu hijo.

En las siguientes páginas encontrarás dos historias y un ejercicio que te pueden ser de gran utilidad para practicar con ellas el hábito de sentir.

La fruta desconocida

«Perdido en medio de un bosque ha aparecido un castillo abandonado, muy antiguo, enorme. Alguien dijo que estaba encantado. Nadie sabía que estaba allí, aunque muchas personas solían pasear por aquel bosque.

Desde fuera da un poco de miedo, con esas torres tan altas, las ventanas tan grandes y una puerta enorme que chirrió cuando se volvió abrir después de siglos estar cerrada. Sus descubridores decidieron entrar para ver qué tesoros escondía semejante castillo.

Todo está muy viejo y lleno de telarañas, las cortinas sucias… pequeños animales lo habían convertido en su hogar y parecía que no había vivido nadie allí durante muchísimo tiempo.

Nadie sabía nada de las personas que un día lo habitaron. No había cuadros ni recuerdos ni nada que diera a los descubridores una pista sobre quién podría ser el dueño de tan impresionante castillo. Las camas estaban preparadas, la mesa puesta y las ollas en la cocina, sobre unos fuegos que hacía tiempo que se habían apagado. Todo era silencio.

Los descubridores, que eran muy valientes, recorrieron todas las habitaciones del castillo, intentando entender qué podría haber pasado para que se hubiera quedado abandonado. En el enorme comedor, sobre una mesa en una cesta, encontraron una fruta extraña, que sorprendentemente se mantenía fresca, como recién cortada, pese a que todo en aquel castillo era viejo y oscuro.

¿Cómo era posible que aquella fruta se viera tan deliciosa, si seguramente llevaba allí abandonada varios siglos? Era un misterio.

Los descubridores, sorprendidos, decidieron coger esa fruta y llevarla a la ciudad para que los científicos la estudiaran.

Y, ¿sabes? Esa fruta está hoy aquí, para que podamos verla, para que descubramos cómo es, a que sabe, a qué huele… Quizá sea la última vez qué tengamos la oportunidad de probarla: ¿Quieres que descubramos cómo es esa fruta?

(En este punto de la historia, saca una fruta y sitúala frente a tu hijo. Este ejercicio suele hacerse con una pasa o un dátil, pero también puedes hacerlo con una uva o un gajo de mandarina)

—Ahora que la tienes delante, obsérvala bien, quizá nunca vuelvas a verla más.

—Piensa en las personas que vivían en ese castillo; quiénes eran, qué hacían, cómo vivían, por qué se fueron dejando esta fruta, cómo era posible que no se haya estropeado a pesar del tiempo y que todavía esté fresca y lista para comer…

(Guarda un momento de silencio para que pueda reflexionar)

—¿Te das cuenta de que esta fruta tiene una historia y que nos la puede contar?

—Ponla en la palma de tu mano.

—Mírala. Fíjate en su forma, en su color… ¿Te recuerda a algo?

(Guarda un momento de silencio para que pueda observar)

—Cierra tus ojos y tócala con un dedito de tu otra mano. ¿Cómo es? ¿Áspera o suave? ¿Pegajosa? ¿Fría o caliente? ¿Pesa?

(Guarda un momento de silencio para que pueda sentir)

—Acércala a tu oído y comprueba si tiene algún sonido cuando la aprietas.

(Guarda un momento de silencio para que pueda escuchar)

—¿Huele? ¿Te gusta su olor?

(Guarda un momento de silencio para que pueda oler)

—Métela en tu boca, sin morderla, solo siéntela dentro de la boca y juega con tu lengua con ella.

(Guarda un momento de silencio para que pueda sentirla en su boca)

—Dale un mordisquito, chiquitín: ¿Qué has sentido?

(Guarda un momento de silencio para que pueda sentir)

—Has descubierto su sabor. ¿A qué sabe?

(Guarda un momento de silencio para que pueda degustar)

—Dale un mordisquito más… y otro… ¿Qué te parece su sabor?

(Guarda un momento de silencio para que pueda reflexionar)

—Acaba de comértela, muy despacito».

Solemos comer de forma automática, sin pararnos a darnos cuenta de lo que hacemos, ni de lo que estamos comiendo. Es una lástima la cantidad de sensaciones que nos perdemos, que no es otra cosa que información que dejamos pasar.

A tus hijos les encantará la experiencia y seguramente te pidan repetirlo con muchas cosas. Por ejemplo, a mis hijos les encanta hacer este juego siempre que comen pepinillos o encurtidos.

Fomenta que exploren, que estén abiertos a SENTIR.

El camino de baldosas amarillas

Seguro que de tu infancia recordarás a Dorothy siguiendo el camino de baldosas amarillas, tal y como le recomendó que hiciera la Bruja Buena del Norte para encontrar al mago de Oz. Te propongo jugar con tu hijo a eso, a buscar la serenidad en un camino de baldosas, que en vuestro juego serán amarillas o del color que os apetezca que sean.

Busca un lugar amplio, si es en el exterior mucho mejor. Marca en el suelo con una tiza o con una cuerda una línea que será vuestro camino, intrincado, retorcido, que comience y termine en el mismo lugar. Invita a tu hijo a que te ayude a trazarlo, cuantas más vueltas y revueltas tracéis, mejor.

Ha llegado el momento de empezar a recorrer ese camino que te llevará a la tranquilidad. Centraos en vuestra respiración, abrid los ojos, poned la mirada en un punto fijo y, con los brazos abiertos, como si fuerais un equilibrista por la cuerda floja, comenzáis a recorrer esa línea, un pie detrás del otro. Si pudierais realizar este juego descalzos, mucho mejor.

Como ese camino no tiene ni principio ni fin, podéis recorrerlo una y mil veces, mientras veas que tu hijo está disfrutando y concentrado en el recorrido.

Mi superhéroe favorito

Cuando ponemos toda nuestra atención en algo, la mente se calma y todo el ruido que hacen los pensamientos en nuestra cabeza se para. Transmítele, con este juego, esa idea.

Necesitaremos una campanilla o un diapasón, algo que haga un sonido sostenido; también una flor y algo pequeñito que se pueda comer (un fruto seco, una pasa, un gajo de fruta, una chuchería…).

¿Comenzamos?

Todos los niños tienen un superhéroe que admiran y tienen muy claro qué les atrae de ese personaje. Quizá sea su sentido de la justicia, su ayuda al prójimo o simplemente lo espectacular de sus superpoderes. Sea lo que sea, vamos a aprovecharnos de esa figura para hacer un estupendo ejercicio de *mindfulness*.

Todos los superhéroes, independientemente de cuáles son sus superpoderes, tienen un oído muy fino y todos sus sentidos muy desarrollados. Estos son unos superpoderes adicionales que les protegen, avisándoles de cuándo se acerca su enemigo.

Junto con tu hijo, convertíos en ese superhéroe, imitando sus gestos, su actitud; dile que vais a activar todos los superpoderes de los sentidos para estar preparados y notar cuándo se acerque vuestro malvado enemigo.

Sois unos superhéroes que han tenido un día muy ocupado, salvando la tierra, pero ha llegado la hora de descansar un poquito. Sintiéndose aún ese superhéroe, pídele que se siente tranquilo, a descansar un ratito, y que cierre los ojos, colocando sus manos en las rodillas.

Avísale de que vas a tocar la campanilla o el objeto sonoro que hayas preparado, y que ha de escuchar muy atento hasta que el sonido desaparezca. Cuando ya no pueda oírlo, cuando le parezca que ha desaparecido, tendrá que juntar las manos frente al pecho.

¡Estupendo! ¡Ya habéis activado el superpoder
de la ultra-escucha!

Ahora vais a activar el superpoder del súper-tacto, la super-vista, el súper-olfato.

A los superhéroes también les gustan las cosas bonitas. Dile que vas a darle una flor que ha de coger con mucho cuidado, mientras mantiene los ojos cerrados.

Cuando vuelva a sonar la campanilla pídele que toque los pétalos de la flor con mucho cuidado, que sienta cómo son, si son suaves, duros, húmedos… También dile que imagine qué es lo que siente la flor cuando él la toca. Los superhéroes pueden sentir lo que sienten otros, y él es un superhéroe.

A otro toque de campanilla va a olerla. Ha de respirar profundamente con la flor pegada a su nariz: ¿Cómo huele? ¿Te parece que huele mucho?

Cuando vuelva a sonar la campanilla abrirá los ojos, y ha de mirarla muy de cerca: su forma, su color, sus pétalos, su tallo… Invítale a que descubra detalles, formas…

¡Genial! Ya tenéis activados casi todos los superpoderes,
solo os falta el súper-gusto. Pídele que preste mucha atención
a cómo sabe lo que le vas a dar.

Primero que use su súper-vista para observarlo bien, ver qué aspecto tiene, a qué se parece…

Luego su súper-tacto para jugar con ella entre sus dedos y sentir cómo es, e imaginar cómo se siente eso estando en su mano.

Por último, dile que se lo meta en la boca y que deje que se mueva empujada por la lengua; que sienta la saliva que empieza a llenar su boca y que comience a masticarlo, muy muy despacito: ¿Cómo es su sabor? ¿Es dulce?

Puede tragarla, pero con suavidad y poniendo su atención en el sabor que ha dejado en su boca.

¡Ahora ya tenéis todos los superpoderes activados! Lo mejor es
que puede usarlos siempre que quiera o sienta que necesita
concentrarse o calmarse por sentirse incómodo o intranquilo.

Para cerrar este bloque, dos ejercicios más, muy sencillos, que puedes animarle a realizarlos por sí mismo en cualquier lugar u ocasión:

- **El parte meteorológico:** Sentaos cómodamente, con la espalda erguida y apoyada contra una pared o un respaldo, cerrad los ojos y tomaos un tiempo para descubrir cómo os sentís en este momento.

¿Qué tiempo está haciendo dentro de nuestro cuerpo?

Pídele que observe si brilla el sol y si se siente relajado, o si hay nubes y está a punto de caer un chaparrón, o quizá si hay una tormenta.

Dile que observe con curiosidad el tiempo que hace dentro de su cuerpo y explícale que haga lo que haga no es bueno ni malo, que llueva o haga sol, que es simplemente lo que hay, que solo está comprobando cómo se siente.

Sobre todo, transmítele que seguramente en otro momento del día el tiempo que haga dentro cambie, pero ahora es como es, y así como está, está bien. Los estados de ánimo cambian como cambia el tiempo, pasan por sí mismos y después de la lluvia siempre sale el sol.

- **Tengo una cámara de video:** Anímale a que intente recordar cinco cosas que vea, ya sea de camino al colegio, en un tramo de un viaje en coche, durante la visita a un museo o dando un paseo por la calle, y que luego te las describa.

  ¿Cómo son? Invítale a percibir cada vez más detalles de las cosas, pero sin juzgarlas, sin valorar si lo que ve es bueno o malo, hermoso o feo, simplemente apreciando las característi-cas de todo aquello que le rodea.

A lo largo de este primer bloque CUERPO habéis descubierto la forma de enfocar vuestra atención en la respiración, observando lo que ocurre de vuestra piel para dentro. Normalmente, vivimos mirando hacia fuera, pendientes de nuestro alrededor, preparados para reaccionar, no para responder. La intención detrás de todos estos ejercicios es precisamente la contraria: parar, escuchar y, solo después, responder.

¡Enhorabuena!\
Como el superhéroe del ejercicio,\
ya tenéis el poder de la atención activado.\
¿Vamos a por lo siguiente?

MENTE

Herramientas de *coaching* para conectar con tu hijo y ayudarle a «ser quien quiera ser»

Desde que nacemos nos enseñan, aprendemos, nos preparamos para afrontar todo tipo de experiencias o circunstancias, pero… ¿cómo es que a ser padres se supone que venimos aprendidos?

Proyectamos en los demás nuestros prejuicios, carencias y creencias e, inevitablemente, lo hacernos también sobre nuestros propios hijos viéndolos como, quizá, no son en realidad. Para evitarlo nada mejor que el conocimiento de uno mismo y de nuestros hijos, y el *coaching* es una excelente herramienta para lograrlo.

El *coaching* aplicado a los niños te permite guiarles para que sean capaces de elegir entre las distintas opciones que van a ir descubriendo, pese a que a veces resulten no ser las que tú hubieras escogido para él. Cuando dejemos de imponerles aquello que como padres pensamos que es adecuado para ellos, podrán sentir que tienen el poder de decisión en sus manos. Conectar decisiones con resultados, incluso en cosas tan simples como con qué, cuándo o con quién jugar, refuerza su autoestima.

A través de las herramientas de *coaching* podrás ayudar a tu hijo a ver que existen infinidad de opciones, fruto de las cuales surgen las consecuencias.

¿Por qué herramientas de *coaching* para el bloque MENTE?

A diferencia del bloque anterior en el que te planteaba diversas técnicas o juegos, en este encontrarás hojas de trabajo para abordar distintos aspectos y descubrir aquello a potenciar. Así funciona el *coaching*, haciéndote pensar, pensar de forma creativa. No se trata solo de leer teoría, sino de favorecer que te hagas preguntas, establezcas compromisos y tomes decisiones.

> *Nos traía fritos Tatiana con sus cosas.*
> *Era demandante, intransigente, caprichosa… Un día, en*
> *la comunión de mi sobrina, se acercó mi prima y me dijo:*
> *—Estarás superorgullosa de Tati, ¡es un encanto de niña!.*
> *—¿¿¿Encanto??? Te la presto un par de semanitas a*
> *ver cómo te va.*
> *—No me importaría —contestó mi prima, mientas*
> *dirigía la mirada al grupito de los niños.*
> *Allí estaba Tati, preciosa, amorosa, divertida,*
> *contando algo a sus primos de tal forma que les tenía a*
> *todos fascinados y con sus dos primillos pequeños en*
> *brazos, haciéndoles carantoñas.*
> *Jo… ahí me di cuenta de que la juzgaba tan duramente*
> *que me perdía todo aquello precioso que mi prima veía en ella*
> *Sigue siendo Tatiana, con «sus cosas» pero desde que he*
> *aprendido a mirarla con otros ojos y a sentirme orgullosa*
> *de ella, en vez de sentirme harta, nos llevamos mejor.*

MILAGROS, MADRE DE TATIANA (13 años)

El objetivo de este bloque es guiarte para que ayudes a tu hijo a convertirse en un adulto responsable y autónomo, capaz de enfrentarse a su vida con seguridad, *«respeto y tolerancia»*.

Como observarás en los ejercicios, se trata de tu autodescubrimiento para que, a partir de él, seas tú quien ayude a tu hijo a descubrirse.

A lo largo de este bloque descubrirás mucho sobre ti mismo y podrás ayudar a tu hijo a:

- Descubrir el valor de ser como es, sintiéndose perfecto y completo: una cosa es quien soy y otra distinta cómo me comporto.

- Entender que es responsable de sus propias acciones.
- Descubrir sus talentos, y sentirse orgulloso de ellos.
- Confiar en sus decisiones y plantear metas claras y precisas.
- Aprender a enfocarse en la solución y no en el problema.
- Desarrollar las habilidades necesarias para hacerse responsable de su vida.

Obsérvate a ti para verle a él. Analizar vuestros puntos en común y vuestras diferencias, descubrir qué es innato en él y qué es tuyo y le has transmitido, te va a permitir:

- Entender tus propias dinámicas emocionales y las de tu hijo.
- Convertirte en un observador de las situaciones familiares, para ganar perspectiva.
- Adquirir herramientas sencillas para resolver conflictos cotidianos.
- Establecer límites sin limitarles.
- Alcanzar un equilibrio familiar y disfrutar de ello.
- Entender el poder de tus palabras en la formación de su autoimagen.
- Desarrollar una comunicación familiar afectiva y efectiva.
- Descubrir las creencias limitadoras que estás transmitiendo a tu hijo.

A lo largo de los siguientes capítulos comprobarás que es posible ser para tus hijos, como decíamos en la introducción de este libro, el padre o madre que necesitan, en su mejor versión. Un padre que conecta con su sabiduría interior y desde ella potencia en su hijo «lo mejor de él».

Tanto soy … ¿tanto valgo?: el peso de las etiquetas

«Tan guapo como su madre».
«Clavadito a su padre».
«El mismo carácter que su abuelo».
«Los hoyuelos al sonreír como su abuela».

Ya desde la cuna nos ponen las primeras etiquetas. Si todos vemos a ese bebé «clavadito a su padre», y crece escuchándolo, acabará, nos guste o no, pareciéndose a él como dos gotas de agua, perdiendo por el camino su derecho a ser él mismo.

Las etiquetas que le «colgamos» a nuestros hijos desde que nacen tienen un grandísimo impacto en ellos y en cómo va a desarrollarse su personalidad. Las etiquetas tienen tal peso que acaban convirtiéndose en conductas asumidas, sean ciertas o no.

Un niño que crece escuchando: «Eres un desobediente», acaba asumiendo que es cierto, por tanto, no le dejamos otro remedio que ser eso: «desobediente». Cercenamos la posibilidad de que se comporte como queremos, ya que ser «el desobediente» es su papel en la familia. El niño entiende que ha de cumplir las expectativas y el rol que se le ha asignado, máxime si se lo dicen y recuerdan constantemente sus adultos de referencia.

Llevado a nuestra vida de adulto y su impacto en ella, si durante toda tu infancia te han catalogado como la «tímida» de la casa y de tanto escucharlo asumiste que eras así («si lo dicen mis padres, que todo lo saben, será que lo soy»), con ocho años seguramente no te habrás atrevido a levantar la mano en clase pese a saber la respuesta («…como soy tímida»).

Con once años es muy probable que te diera vergüenza participar en la obra de fin de curso y con dieciséis años no te habrás atrevido a hablar a ese chico que te gustaba y habrás visto cómo sale con otra («…como soy tímida»).

A los veinte te ponías malísima cuando tocaba exponer un trabajo en la universidad («… yo es que soy tímida»); con treinta te pones tan nerviosa en las entrevista de trabajo que no articulas palabra y, pese a poseer un currículum envidiable, acaban no seleccionándote.

A los cuarenta años, harta de que tu vida esté llena de situaciones que no puedes enfrentar, estás en tratamiento con un terapeuta o un psicólogo, intentado superar aquello que ha definido tu vida: tu gran timidez.

Etiquetar no es dar una opinión, sino colgar un «sambenito» a un niño sobre cómo actúa o cómo reacciona. Esa etiqueta es la responsable de que ese niño se convierta en lo que hemos decidido que es, toda una profecía autocumplida[2], impidiéndole sacar a la luz otros aspectos de sí mismo. Con esa etiqueta le hacemos muy difícil que descubra quién es en realidad y desarrolle todas sus capacidades.

«¡No seas maleducado!»

¿Estás seguro de que, de verdad, tu hijo es un maleducado?

En realidad, ¿qué es para ti que un niño o una niña sea o esté bien educado? ¿Porque come lo que le ponen en el plato sin rechistar? ¿El que recoge los juguetes sin que se lo tengan que decir dos veces? ¿El que está «formalito» mientras los mayores están tan a gusto charlando, aunque el pobre se aburra o se le ignore? ¿El que saca buenas notas?: a tu hijo le consideras «maleducado» cuando no se comporta como te gustaría a ti que lo hiciera.

---

[2] La teoría de la profecía autocumplida explica que cuando mantenemos una firme creencia respecto a algo o a alguien, acabamos corroborándola. Volveremos a verla en el capítulo sobre las creencias.

Maleducado es aquel que falta al respeto, y cuando etiquetas a tu hijo eres tú quien le está faltando al respeto. ¿No será que lo que te resulta más cómodo es tener un hijo sumiso? Tú, como padre o madre, con el corazón en la mano: ¿Quieres un hijo sumiso o quieres un hijo feliz?

La respuesta está clara, no hace falta que me respondas, por eso has decidido convertirte en padre y estás leyendo este libro. Ayúdale a tener sus propios gustos, aficiones y motivaciones; enséñale respeto, respetándole a él y sus necesidades.

«¿Otra vez pidiendo? Dios mío… qué caprichoso, por favor»

Vaya… parece ser que cuando alguien insiste en lo que quiere resulta que es un caprichoso. En teoría, todos queremos que nuestros hijos luchen por sus sueños, expresen sus gustos y necesidades, pero claro, si piden e insisten en algo que quieren… ¡Se convierten en caprichosos!

Los niños quieren cosas de niños, igual que tú cuando no consigues algo (tus cosas de mayores) sientes frustración, tristeza, enfado… Todos, mayores y pequeños, nos sentimos frustrados en situaciones similares. Educarles no consiste solo en poner normas «de obligado cumplimiento», sino también en ser capaz de acompañarlos en su frustración. Piensa en cuando tú esperas lograr algo y no lo consigues: ¿Cómo te sientes? Pues tu hijo se siente igual, solo que lo manifiesta de otra forma.

«Eres un pesado», «Calla ya, pesado», «¿Qué quieres ahora?», «Qué pesadito estás hoy, ¿eh?»

Con esta etiqueta (tan pesada) le estás llevando a sentirse poco respetado, poco querido, poco valorado. Esta afirmación despierta en tu hijo la sensación de que «no soy importante», «nadie me hace caso».

¿Y si, en lugar de perder los nervios por escuchar por enésima vez eso tan familiar para todos de, por ejemplo, «mami, ¿falta mucho?», te serenas, respiras y te pones en sus zapatos, tal y como hablaremos un poco más adelante sobre la empatía, dándote cuenta de que tu hijo carece de las referencias espaciales y temporales tuyas? Tú vas conduciendo, entretenido, quizá oyendo la música que te gusta o charlando con tu copiloto, sabes a dónde vas, cuánto esperas tardar, pero él solo va sentado detrás, aburrido, viendo pasar árboles por la ventanilla.

«Mira que eres vago…»

¿Vago por qué? ¿Porque no hace lo que tú quieres cuando tú quieres?

Llamamos vagos a nuestros hijos por no ayudar a hacer su cama, por no ayudar a poner la mesa, por escaquearse de los deberes o de recoger los juguetes. Los hijos son niños, que necesitan vivir la vida como niños, con tiempo para divertirse jugar, descansar y, sobre todo, aburrirse. Es tu hijo, no tu esclavo ni un robot en el que presiono un botón y se pone en marcha, y por ello, por no serlo, ya es etiquetado.

Como veremos más adelante, sobre la comunicación con nuestros hijos hay un tiempo para cada cosa y formas de pedir o negociar. Desarrolla tu asertividad, tu capacidad de negociación para que ellos aprendan de tu ejemplo.

Si agobias llamando «vaga o vago» a tus hijos, obligándoles a hacer ciertas tareas cuándo, cómo y porque tú lo dices, sin hacerles ver la conveniencia de la colaboración de todos los miembros de la familia, y, además lo haces con malas maneras, lo único que conseguirás es que aborrezcan colaborar, así como tus maneras.

«Lo que le pasa a esta niña es que es una mimada»

¿De veras crees, ahora ya desde tus ojos de adulto, que es malo haber sido mimado? ¿Qué se considera exceso de mimos? Todos necesitamos mimos, pero mimos de verdad, y llamarle mimado a un niño le transmite que quizá no es merecedor de ellos o que los mimos en sí son malos o contraproducentes.

A nuestros hijos hemos de ofrecerles mimos siempre, para crear un vínculo sano entre nosotros y fomentar una sana autoestima.

«Me dan mimos porque ME LOS MEREZCO, y los demás también son merecedores de los míos».

Una cosa son los mimos y otra distinta dejarles hacer lo que quieran, sin límites respetuosos. Nuestra labor como padres es encontrar ese equilibro. Nunca niegues un mimo a tu hijo, los necesita; y, si se los das, jamás se lo eches en cara.

«Duerme toda la noche del tirón, no llora nada, se entretiene solito… es más bueno…»

Quizá sea la primera etiqueta que le colgamos a un bebé durante los primeros días de vida. ¿Qué es ser un niño bueno o malo? Si, como dice el diccionario, malo es aquel que maltrata física y psicológicamente, castiga, viola, mata… ningún niño es, ni puede ser, malo.

Antes de emitir un juicio tan duro párate a pensar en las grandes diferencias entre tu hijo y una persona mala de verdad y cómo con semejante juicio puedes dañar su autoestima.

«Ya está el llorón, otra vez con la bocaza abierta»

Llorar es, primero una herramienta de comunicación y luego algo necesario, natural y, sobre todo, sano para el equilibrio emocional. Si es así: ¿Por qué nos empeñamos en estigmatizar a alguien que necesita expresarse de este modo? Si etiquetamos a nuestros hijos como llorones, les hacemos creer, por lo tanto, asumir, integrar y aceptar, que llorar es malo, está mal visto, es incorrecto o inadecuado. Y más adelante, cuando le sea complicado expresar sus emociones, nos encontraremos con serios problemas.

«Venga, no pasa nada», «Ya, ya…», «Bah, no es para tanto…»… ¿Quién no ha dicho algo así cuando alguien se ha echado a llorar ante nosotros? ¿Cómo te sentirías tú si fueras quien llora y te lo dijeran? Cuando «intentamos consolar» a alguien con palabras como esas, que no son otra cosa que ordenarle NO LLORES, lo que está en realidad ocurriendo es que yo me estoy sintiendo incómodo con sus lágrimas (recuerda que a nosotros también nos educaron para «no llorar»), no sé cómo resolver esa situación, no sé acompañarle en su dolor y la mejor solución para que yo no me sienta incómodo es que él se trague su dolor (como hago yo) y me ahorre ese trago. No estoy consolándole: me estoy comportando de forma egoísta.

Si tu hijo llora, detente a ver qué le ocurre, escúchale, atiéndele, acógele, abrázale y acompáñale en su dolor, sea la razón que sea. Puede parecerte una tontería, pero en su micro-mundo seguramente ha ocurrido una catástrofe.

Jamás le juzgues por llorar y, mucho menos, le coloques la etiqueta por hacerlo.

El peso de su etiqueta no le deja avanzar

A aquel niño que, al principio del capítulo, fue etiquetado como desobediente, puede que le cueste obedecer o seguir normas, o sea movido o nervioso, pero no es solo eso. Tiene infinitas cualidades más; seguramente sea ingenioso, sincero, divertido, inteligente, tenaz… Puede ser muchísimas cosas más allá de ser «un desobediente». Si solo lo ves perezoso, desobediente, movido…, si solo pones tu atención en eso, te perderás todas esas otras cualidades; te las perderás tú y se las perderá él.

En su libro, *El elemento*, Ken Robinson[3] plantea una historia, una anécdota real muy interesante en relación a las etiquetas, que estoy seguro de que no te dejará indiferente.

> *Gillian era una niña con problemas de conducta, déficit de atención, hiperactividad y dificultades de aprendizaje. Su tutor indicó a sus padres la conveniencia de que fuera tratada por un psicólogo y como tal acudieron a la consulta del especialista.*

---

[3] Ken Robinson, educador, escritor y conferencista británico. Doctor por la Universidad de Londres. Es considerado un experto en asuntos relacionados con la creatividad, la calidad de la enseñanza y la innovación educativa. Como reconocimiento a su relevancia fue nombrado sir por la reina de Inglaterra, Isabel II, en 2003.

Ese psicólogo pudo ver más allá de la etiqueta de Gillian, igual que puedes hacer tú con tu hijo y a eso es a lo que te quiero acompañar en este capítulo. Ver más allá te permitirá descubrir quién es en realidad tu hijo y apoyarle para que desarrolle todo su potencial.

Lo maravilloso de la teoría de la profecía autocumplida es que la forma en que funciona nos permitirá cambiar fácilmente esas etiquetas negativas e, incluso, despojarnos de ellas. Si consigues dar la vuelta a la etiqueta que lleva tu hijo podrás liberar todo su potencial.

Recuerda:

Tu hijo no es una cosa, tiene muchas facetas y, por tanto, no es sano para él encerrarlo en aquello que le limita, sino creer en él e invitarlo a que descubra lo que le impulsa.

Hasta aquí hemos hablado de etiquetas, y siempre «malas» pero una etiqueta «buena» también limita a tu hijo. Etiquetarlo como «tranquilo» puede limitar sus ansias de exploración, de aventuras, de moverse, tan propias de la infancia; también considerarle «la lista de la casa» provocará que a lo largo de su vida nunca se permita a sí misma equivocarse ni fallar, y de adulta, que además, sea intolerante e inflexible con los errores de los demás.

¿Cómo evito las etiquetas?

Una vez hemos visto qué son las etiquetas, cómo les afectan y, tras quizá habernos descubierto usando algunas como en los ejemplos anteriores, pasamos al siguiente punto: ¿Cómo las evito?

Dado que las etiquetas provienen de tu propia interpretación de lo que es tu hijo, de una falta de conciencia sobre esa personita que tienes delante, te propongo una serie de recursos que te ayudarán a ver a tu hijo tal y como es.

- **Sé consciente de tus propias emociones y de tu estado de ánimo.**

  «Si me siento bajo presión, estresado o cansado, tengo mucha menos paciencia y a nada que mis hijos empiecen a revolotear alrededor mío, me voy a crispar y van a empezar a parecerme unos pesados o unos desobedientes. Su tono de voz me va a hacer sentir que son unos gritones. Sentir, parecer… no quiere decir que lo sean, sino que yo los percibo así».

  Solución: Hazte consciente de tu propio estado, entendiendo que lo que sientes, lo que interpretas, es parte de ti, no de ellos.

- **Evita comparaciones.**

  Cada niño es un mundo, incluso entre mellizos o gemelos hay muchas diferencias de personalidad. Ningún niño es más ni menos que otro; cada uno es ÚNICO E IRREPETIBLE.

- **Haz referencia a las conductas, evitando las descalificaciones.**

  La expresión: «¿Has vuelto a dejar la mochila en el colegio?», que hace referencia a un hecho y le permite reconducir la situación y poner atención en que no vuelva a pasar, es muy distinta a: «Eres un despistado, ¿ves? Ya has vuelto a dejar la mochila en el colegio», que es una descalificación que acabará asumiendo como una característica de su persona, por tanto, la mochila volverá a quedarse olvidada sin que pueda hacer nada por remediarlo.

- **Tú eres tú, yo soy yo y mis propias circunstancias.**

  Si para ti es importante que todo esté perfectamente organizado en tu armario, pero tu hijo no tiene esa necesidad, es muy probable que pienses de él que es un dejado o un desordenado.

  ¿Y si en vez de intentar que él se vuelva como tú, eres tú quien se muestra más flexible? En realidad, si su armario es un total desbarajuste a ti no te afecta en tu propio orden.

Mi recomendación es que te pares a reconocer qué parte de ti hay en dicha etiqueta. Y recuerda: «Todo juicio es una confesión».

Ejercicios prácticos

Ejercicio 1: Aprendamos a transformar las etiquetas.

Dado que tenemos tendencia a colocar etiquetas, ¿y si las transformamos?

Todo juicio, toda etiqueta, hace referencia también a una cualidad positiva. Te invito a que busquemos ese aspecto positivo del carácter o comportamiento de tu hijo.

Observa e identifica dos etiqueta que sueles colgar a tu hijo y completa esta hoja de trabajo:

¿Qué etiquetas suelo colgarle?
1.- ....
2.- ....

¿Cuáles son las conductas de la que derivan esas dos etiquetas?
1.- ....
2.- ....

¿Cómo influye mi estado de ánimo en esas dos etiquetas?
1.- ....
2.- ....

¿Qué relación tienen esas dos etiquetas con mi propia personalidad?

1.- ....

2.- ....

¿Esas etiquetas vienen de alguna comparación de mi hijo con otro niño u otra persona?

1.- ....

2.- ....

¿Esas etiquetas podrían tener que ver con algo que yo tengo o hago y que no me gusta de mí?

1.- ....

2.- ....

¿Podrían hacer referencia a algo que no soporto de alguien? ¿De quién?

1.- ....

2.- ....

¿En qué creo que podrían limitar a mi hijo?

1.- ....

2.- ....

¿Cuál es el aspecto positivo de esas etiquetas?

1.- ....

2.- ....

¿Qué tres virtudes tiene mi hijo que están relacionadas con la conducta que generó cada etiqueta?

Etiqueta 1: ......

    1.- ....

    2.- ....

    3.- ....

Etiqueta 2: ......
   1.- ....
   2.- ....
   3.- ....

Ejercicio 2: Mi propia mochila.

Párate a pensar en esa etiqueta que tus mayores te colgaron en su día y que llevas arrastrando toda tu vida, complicándote la vida o dificultando tu camino. Puede ser una etiqueta positiva o negativa, recuerda que ambas pesan y condicionan de igual forma.

SOY UN/UNA ......

¿Recuerdas quién te puso esa etiqueta? Cuando lo escuchas en tu cabeza, ¿de quién tiene la voz?
....

¿Cuándo te la puso? ¿Por qué?
....

¿Cuál era tu comportamiento en aquellos momentos?
....

¿Cómo te ha limitado o te limita tu vida hoy en día?
....

¿Qué opciones o caminos descartaste por vivir con esa etiqueta colgando?
....

¿Cuál sería la versión positiva de esa etiqueta?
....

¿Cómo habría sido tu vida con esta nueva versión, sin esa etiqueta?
....

¿Qué hubiera cambiado en tu vida?
....

Enumera cuatro cualidades que tienes
1.-..
2.-..
3.-..
4.-..

Reflexión tras el ejercicio 2:

Ahora que acabas de sentir el impacto que
tienen las etiquetas en tu vida de adulto:
¿Qué es lo primero que te viene a la cabeza al pensar en tu hijo?

Ejercicio 3: Yo, en todo mi esplendor y sin tapujos.

Haz una lista con seis cualidades tuyas que tus padres no fueron
capaces de ver cuando eras niño:
....
....

¿Por qué no las vieron? ¿Qué les impidió verlas?
....
....

¿Qué hubieras necesitado para haberlas hecho más visibles en
aquellos momentos?
....
....

Reflexión tras el ejercicio 3:

Ahora que eres consciente de cómo resultó para ti:
¿Cómo puedes ayudar a tu hijo a desplegar sus alas y mostrar
todas sus cualidades?

Acta de compromiso

Durante este capítulo has descubierto esas etiquetas que, si cortaras, harían que tu vida fuera más feliz. ¿No crees que ha llegado la hora de deshacerte de ellas?

Rellena esta hoja de compromiso contigo mismo, sobre una acción que vas a emprender desde mañana para quitarte tú tu etiqueta y quitarle a tu hijo la suya. Enúncialo de forma que sea un objetivo SMART[4].

Yo, ... me comprometo conmigo mismo y con mi hijo a emprender la siguiente acción, encaminada a desterrar nuestras respectivas etiquetas:

Hacia mi hijo me comprometo a:

....

....

....

Hacia mí mismo me comprometo a:

....

....

....

....

Fecha y firma

---

[4] Hace referencia a los elementos necesarios para definir nuestros objetivos de forma eficaz. Estos han de tener las siguientes características:

S (Specific): Específico, es decir, lo más concreto posible.
M (Mesurable): Medible.
A (Achievable): Alcanzable.
R (Realistic): Realista. Los objetivos deben estar al alcance de tus posibilidades.
T (Time-Bound): Acotado en el tiempo, planteado desde el cuánto, cuándo, a qué hora.

Quiéreme como soy:
el autoconocimiento

Había una vez una manzana que siempre quiso haber sido una estrella en vez de una manzana. Pasaba los días pensando, ilusionada, lo fantástico que sería una vida brillando desde el cielo.

Cada mañana, sus compañeras manzanas la invitaban a conversar y a contar historias, pero ella rechazaba la invitación, obsesionada como estaba con el deseo de ser una estrella.

Un día, viendo a unas golondrinas ascender hacia el cielo, la manzana les preguntó:

—¿Dónde duermen de día las estrellas?

Las golondrinas, sonriendo, dijeron:

—No, querida manzana, las estrellas están en el cielo día y noche, pero la gran luz del sol no nos permite divisarlas. Pero ahí están, en el infinito cielo, siempre con luz.

Eso le pareció a la pobre manzana una maravilla, y se le avivaron los deseos de ser una estrella, cargada de una luz inagotable.

Otro día la manzana le preguntó al viento, que movía con fuerza las ramas del manzano:

—Dime, viento, ¿las estrellas están fijas o se desplazan recorriendo todo el firmamento? Y si se desplazan, ¿quién las mueve?

—Las estrellas se desplazan recorriendo todo el firmamento y a una velocidad de vértigo —contestó el viento.

Nuevamente se avivaron los deseos de la manzana de convertirse en una hermosa estrella.

Cuando llegó la época de la maduración, la manzana seguía defraudada porque su sueño no se había hecho realidad. No era capaz de sonreír, ensimismada en su tristeza. No era feliz, quería ser una estrella.

Una día de sol intenso, una familia que estaba de paseo por aquel prado se refugió bajo la copa del manzano, buscando una sombra protectora de los rayos del sol. Uno de los niños, jugueteando, agitó violentamente el tronco del árbol, cayendo varias manzanas, entre ellas la triste manzana que quería ser estrella.

Una de los niños la cogió y comprobó que estaba madura. Era una hermosa manzana, deliciosa para almorzar. La niña pidió un cuchillo a su mamá, quien le entregó uno bien afilado, con la inevitable advertencia.

—Cuidado, cariño, no te cortes.

La niña partió con cuidado la manzana y... quedó asombrada al ver la estrella de cinco puntas que aparecía en el corazón de la manzana. Y gritando, llamó la atención de toda la familia:

—Mirad, mirad, qué maravilla. Aquí hay una estrella.

La manzana había vivido triste toda la vida sin darse cuenta de que dentro de sí guardaba una hermosa estrella y de que, para mostrarla, tenía que abrirse y brindarse a los demás».

Cuento anónimo

El mensaje más importante que tenemos que trasmitirle a nuestros hijos es que son únicos e irrepetibles, especiales, con identidad propia, y que ahí, en esa singularidad reside su fuerza y todo su potencial.

Al igual que la manzana, que vivía decepcionada consigo misma hasta que la niña sacó la estrella que llevaba dentro, nuestra misión como padres es ayudar a nuestros hijos a darse cuenta de todo su potencial, y sobre ello trata este capítulo.

Una de las herramientas más potente en *coaching* son las «preguntas poderosas» que planteadas llevan al autodescubrimiento, y este es el proceso que te propongo realizar con tu hijo.

Las preguntas poderosas crean conciencia de uno mismo y fomentan la autonomía y el descubrimiento. Cuanto más nos conozcamos, más capaces seremos de dirigir nuestra vida y, por tanto, más fácil tendremos ser felices. Aprende a preguntar.

¿Qué características tienen las preguntas poderosas?

- Son preguntas breves, directas y, sobre todo, abiertas (es decir, no se responden con un simple sí o no). Por ejemplo:
  - ¿Te apetece salir?, NO sería una pregunta poderosa.
  - ¿Qué te apetece hacer?, SÍ es una pregunta poderosa.

- Se enuncian con un qué, cómo, cuál, para qué, cuándo o dónde.
  - ¿Por qué no te apetece salir?, NO sería una pregunta poderosa.
  - ¿Qué te apetecería hacer?, SÍ es una pregunta poderosa.

- No están encaminadas a satisfacer curiosidad ni tienen un objetivo, sino que se plantean para hacer pensar.
  - ¿Qué has comido en el cole hoy?, NO sería una pregunta poderosa.
  - ¿Con qué es con lo que has disfrutado más en el cole?, SÍ es una pregunta poderosa.

Ejercicios prácticos

Ejercicio 1:

Te invito a que, con estas pautas anteriores, prepares una batería de preguntas sencillas que te gustaría hacer a tu hijo. Podrían ser incluso estas mismas del ejemplo.

Cuando las tengas preparadas, plantéale ambos tipos de preguntas, poderosas y no poderosas, y escucha sus respuestas y cómo las preguntas poderosas abren el camino al diálogo y al intercambio de opiniones.

Con este ejercicio puedes comprobar la diferencia de fuerza que tienen unas y otras.

¿Cómo formular preguntas poderosas?

El objetivo de las preguntas poderosas es hacer reflexionar a tu hijo, por tanto, hemos de darle un tiempo para responder y, sobre todo, prestar mucha atención a su respuesta, con interés y respeto. Utilízalas para ayudarle a profundizar y a conectar con sus recursos y capacidades. Se trata de hacerle reflexionar, no te quedes en la primera respuesta, sigue preguntando y profundizando.

Busca el momento adecuado, sin prisas, sin interrupciones, los dos solos. Se trata de conectar con él así que has de cuidar mucho la atmósfera y el clima que se genere.

Como veremos en el apartado en el que vamos a hablar sobre comunicación, no te fijes solo en sus palabras. Observa su comunicación no verbal, sus gestos, sus movimientos, su energía, su tono. Si te llama la atención algún gesto que acompañe a sus palabras, aprovecha para preguntarle por qué ha hecho ese gesto.

No hay respuestas buenas ni malas, no le juzgues por sus respuestas, y recuerda: lo que no se dice no se sabe, así que ¡PREGUNTA!

Hasta que manejes esta técnica con soltura te será complicado elaborar preguntas poderosas por ti mismo, por lo que te ofrezco una serie de preguntas modelo que te pueden ayudar a comenzar a trabajar:

Preguntas modelo para ayudar a tu hijo en caso de bloqueo o búsqueda de alternativas:

- ¿Qué es lo peor que puede pasar?
- ¿Qué necesitas para avanzar o para decidirte?
- ¿Qué otras posibilidades hay?
- ¿Cómo sería si fuera algo fácil de resolver o decidir?
- ¿A qué le tienes miedo?
- ¿Qué te dice ese miedo?
- ¿Qué le dirías tú a ese miedo?
- Si fueras tu animal favorito, ¿qué harías?
- ¿Tú qué quieres hacer?
- Si tuvieras una varita mágica que pudiera resolverlo, ¿qué le pedirías?

- ¿Qué te queda por hacer que no hayas intentado todavía?
- ¿Qué consejo te daría tu superhéroe favorito?

Preguntas modelo para ayudarle a conocerse mejor:

- ¿Qué te gusta de ti?
- ¿Qué te gusta de tu juguete favorito?
- ¿Qué es lo mejor del cole?
- ¿Qué es importante para ti?
- ¿Qué ha sido lo mejor de tu día?
- ¿Qué echas de menos?
- ¿Qué es lo mejor de mamá o de papá?
- ¿Qué te apetecería hacer ahora?
- ¿Qué te gusta hacer en tu tiempo libre?
- ¿Cuál es tu mayor sueño?
- ¿Tú qué opinas?
- ¿Cómo eres cuando te sientes feliz?
- ¿Qué te falta para ser feliz?
- ¿Qué hay de ti en esta canción/película/personaje?
- ¿Qué te dice esta canción/película/personaje?
- ¿Qué piensas?
- Si fueras un juguete o un animal, ¿cuál serías?
- ¿Qué sientes?
- ¿Qué te gustaría ser? ¿Qué te lo impide?
- ¿Qué te hace sentirte libre? ¿Y atado?
- ¿Qué necesitas hacer o decir para ser más tú?
- Si tuvieras una varita mágica, ¿para qué la usarías?

Preguntas modelo para ayudar a tu hijo a sentirse motivado:

- ¿Qué te gusta de ti?
- ¿Qué has hecho bien?
- ¿De qué te sientes orgulloso?
- ¿Con qué te gusta relajarte?
- ¿Qué te suele funcionar en un caso como este?
- ¿Qué te gustaría celebrar?

- ¿A quién tienes algo que agradecer? ¿El qué?
- ¿En qué te consideras afortunado?
- ¿Qué es lo mejor de estas situaciones?
- ¿Qué estas aprendiendo de esta situación?

Preguntas modelo para ayudar a tu hijo a cambiar, a avanzar:

- ¿Qué cambiarías?
- ¿Qué vas a hacer? ¿Cuándo?
- ¿A qué te comprometes?
- ¿Qué te daría la fuerza para lograrlo?
- ¿Qué obstáculos puedes encontrarte? ¿Cómo puedes vencerlos?
- ¿Cuál es el primer paso? ¿Y el siguiente?
- ¿Qué cambiarías?
- ¿Qué puedes hacer diferente?
- ¿ Cuál es el objetivo/meta?
- ¿Qué te falta por hacer?
- ¿Qué necesitas para seguir?
- ¿Qué quieres intentar que todavía no has hecho?

Ejercicio 2: Manejo de preguntas poderosas.

Este ejercicio te va a ser de utilidad para coger soltura a la hora de utilizarlas.

Piensa, a modo de ejemplo, en tres situaciones bastante habituales en la vida de tus hijos que te propongo que trabajemos juntos con las preguntas poderosas. Podrían ser, por ejemplo:

- No me gusta mi profesor.
- No me gusto yo.
- Mi amiga se ha enfadado conmigo y ya no me habla.

Aunque ya hemos visto modelos de preguntas poderosas, también hemos visto cómo se formulan y para qué valen. Este sería un ejemplo de cómo se utilizarían:

Por ejemplo, tu hija llega y te dice:
—Mami, me han vuelto a suspender en matemáticas.

Podrías plantear a tu hija las siguientes preguntas constructivas:

- Si piensas en las otras asignaturas que sí que has aprobado, ¿qué hiciste que te llevó a aprobarlas?
- ¿Qué puedes mejorar en la forma de estudiar que tienes para que te sirva en las matemáticas?
- Si pidieras consejo a tu profesor sobre qué hacer para aprobar, ¿qué te diría?
- ¿Qué nota te gustaría sacar en el próximo examen?
- ¿Qué necesitas para conseguirlo?

Ante una situación que, en situaciones normales, se hubiera convertido en un interrogatorio que desembocaría, seguramente, en mal rollo para todos, plantear este tipo de preguntas invita a la reflexión, hace ver a tu hijo que te preocupas, que estás a su lado y que estás a su disposición para buscar soluciones.

Ejercicio 3: Descubro sobre mí mismo.

Dedica unos minutos para rellenar este ejercicio y reflexionar sobre estas preguntas:

Enumera seis prioridades en tu vida
1.- ....
2.- ....
3.- ....
4.- ....
5.- ....
6.- ....

¿Cuál es tu pasatiempo favorito? ¿Por qué? ¿Qué hay de ti en él?
....

¿Cuál es tu película/personaje/canción favorita? ¿Qué hay de ti en ellos?

....

¿Qué es importante para ti de un buen amigo?

....

¿Qué te aporta la amistad?

....

¿Qué te gusta de tu madre? ¿Y de tu padre?

....

....

¿Qué valores te han sabido transmitir?

....

¿Qué hay de ellos en ti?

....

¿Quién es un referente para ti? ¿Qué es lo que más te gusta de esa persona?

....

¿Qué te hace un ser especial, distinto a los demás?

....

¿Qué te impide brillar?

....

Si fueras un animal, ¿qué animal serías?

....

Si pudiera ser lo que quisieras, y cómo quisieras, ¿cómo o quien serías?

....

¿A qué recurres para conseguir tus sueños?

....

Una vez respondidas todas la preguntas anteriores te invito a que elabores las siguientes conclusiones:

Lo que más me importa en mi vida, lo que me mueve, lo que me da energía para avanzar es:

....

Soy una persona capaz de:

....

Mi gran sueño es:

....

¿Le estoy mostrando a mis hijos todo este potencial, toda esta pasión, toda esta ilusión?

....

Ejercicio 4: Los dichosos «tengo que...».

Te invito a reflexionar sobre las siguientes preguntas:

¿Te describirías como una persona que «tiene que...» o «debe...» o, por el contrario, como alguien que «quiere...»?

....

¿Tienes la sensación de que te esfuerzas más en hacer lo que los demás esperan de ti o eres de los que hacen lo que realmente quieren hacer?

....

¿Sientes la necesidad de cambiar cosas en tu vida o de darles un cambio?

....

¿Te da miedo ser diferente, opinar diferente, ver las cosas de diferente forma a los demás?

....

¿Sientes que estás viviendo tu vida o realmente estás viviendo la vida que quieren los demás para ti?

....

¿Te falta algo en tu vida?

....

¿Quién o qué lleva las riendas de tu vida?

....

En estos momentos: ¿Eres manzana o eres estrella?

....

Ejercicio 5: ¿Y tu hijo?

Comienza reflexionando sobre la siguiente cuestión:

En estos momentos de su vida, a tu entender, ¿tu hijo está siendo manzana o estrella?

....

Si consideras que tu hijo está siendo manzana, lo cual significa que aún no es consciente de la estrella que lleva dentro, te invito a que realicéis juntos el siguiente ejercicio. Hazle las siguientes preguntas y anotad las respuestas:

¿Qué cinco cosas son las más importante para ti?
1.-..
2.-..
3.-..
4.-..
5.-..

¿Qué te hace especial, distinto a tus amigos y a otros niños que conoces?

....

Piensa en algo especial que te gustaría ser o hacer: ¿me lo cuentas?

....

¿Qué es lo que más te gusta de tu mejor amigo?

....

¿Cuál es tu deporte o juego favorito?

....

¿Cuál es el cuento o película que verías o escucharías mil veces? ¿Por qué?

....

¿Qué te gusta de mamá?

....

¿Qué te gusta de papá?

....

¿Cuál es tu personaje favorito? ¿Por qué?

....

¿Qué dirías que necesitas para que todo fuera perfecto?

....

Si fueras un animal, ¿cuál serías? ¿Por qué?

....

A la vista de sus respuestas:

¿Qué has descubierto de tu hijo?
Porque ha llegado el momento de hacérselo ver

Buscad una foto suya que a él le guste, así como una foto de su animal favorito y de su personaje admirado. Toma una cartulina de su color favorito y, en el centro, pegad su foto y junto a ella, a su derecha e izquierda, pegad su animal favorito y su personaje admirado.

Alrededor de esas fotos, ocupando todo el espacio de la cartulina, escribid con rotulador grueso siete palabras o siete ideas que le representen, que él haya descubierto en el ejercicio anterior, y unidlas entre sí formando una estrella, su estrella.

Buscad un sitio en su habitación donde pueda contemplarlo y colgadlo, para que siempre se vea así y le recuerde la estrella que lleva dentro.

Ejercicio 6: ¿Jugamos a las confidencias?

Aprovecha el momento de dar las buenas noches a tu hijo y arroparle para sentarte con él en su cama y ayudarle a cerrar su día. Es un momento muy especial, íntimo y la mejor ocasión para fomentar vuestra comunicación y fortalecer vuestro vínculo.

Túmbate o siéntate a su lado y lánzale preguntas como estas:

- ¿Qué te ha gustado del día de hoy?
- ¿Qué es lo mejor que te ha pasado?
- ¿Y lo peor?
- ¿Qué o quién te ha hecho reír?
- ¿Qué te ha gustado de ti hoy?
- ¿Qué cambiarías del día de hoy?
- ¿A quién o a quienes le darías hoy las gracias?
- ¿Tienes algo que te gustaría celebrar?
- ¿Qué te gustaría conseguir mañana?

¿Te has dado cuenta de que saber preguntar
es casi más importante que escuchar?

Aprovecha esta nueva habilidad que acabas de adquirir

Acta de compromiso

Durante este capítulo has descubierto tu propia estrella y has ayudado a que tu hijo sea consciente de que la lleva dentro.

Rellena esta hoja de compromiso contigo mismo sobre las acciones que vas a emprender desde ahora mismo para ser más tú y para ayudar a tu hijo a desarrollar todo su potencial. Enúncialo de forma que sea un objetivo SMART[5].

Yo, ... me comprometo conmigo mismo y con mi hijo, a emprender las siguientes dos acciones, encaminadas a desarrollar todo nuestro potencial

Hacia mí mismo, me comprometo a:

....

....

....

....

Para apoyar a mi hijo me comprometo con él a:

....

....

....

....

....

....

Fecha y firma

---

[5] Hace referencia a los elementos necesarios para definir nuestros objetivos de forma eficaz. Estos han de tener las siguientes características:

S (Specific): Específico, es decir, lo más concreto posible.
M (Mesurable): Medible.
A (Achievable): Alcanzable.
R (Realistic): Realista. Los objetivos deben estar al alcance de tus posibilidades.
T (Time-Bound): Acotado en el tiempo, planteado desde el cuánto, cuándo, a qué hora.

Me gusto, me quiero y me acepto: mi autoestima

La rosa blanca

En un jardín de matorrales, entre hierbas y maleza, apareció, como salida de la nada, una rosa blanca. Era blanca como la nieve, sus pétalos parecían de terciopelo y el rocío de la mañana brillaba sobre sus hojas como cristales resplandecientes. Ella no podía verse, por eso no sabía lo bonita que era y no se daba cuenta de que a su alrededor todos estaban pendientes de ella y de su perfección: su perfume, la suavidad de sus pétalos, su armonía…

No se daba cuenta de que todo el que la veía tenía elogios hacia ella. Las malas hierbas que la envolvían estaban fascinadas con su belleza y vivían hechizadas por su aroma y elegancia.

Un día de mucho sol y calor, una muchacha paseaba por el jardín pensando en cuántas cosas bonitas nos regala la madre tierra, cuando de pronto vio una rosa blanca en una parte olvidada del jardín, que empezaba a marchitarse.

—Hace días que no llueve —pensó—. Si se queda aquí mañana ya estará mustia. La llevaré a casa y la pondré en aquel jarrón tan bonito que me regalaron.

Y así lo hizo. Con todo su amor puso la rosa marchita en agua, en un lindo jarrón de cristal de colores, y lo acercó a la ventana.

—La dejaré aquí —pensó—. Porque así le llegará la luz del sol.

Lo que la joven no sabía es que su reflejo en la ventana mostraba a la rosa un retrato de ella misma que jamás había llegado a conocer.

—¿Esta soy yo? —pensó.

Poco a poco sus hojas inclinadas hacia el suelo se fueron enderezando y miraban de nuevo hacia el sol y así, lentamente, fue recuperando su *estilizada silueta. Cuando ya estuvo totalmente restablecida vio, mirándose al cristal, que era una hermosa flor, y pensó:*

—¡¡Vaya!! Hasta ahora no me he dado cuenta de quién era, ¿cómo he podido estar tan ciega?

La rosa descubrió que había pasado sus días sin apreciar su belleza. Sin mirarse bien a sí misma para saber quién era en realidad. Si quieres saber quién eres de verdad, olvida lo que ves a tu alrededor y mira siempre en tu corazón.

Rosa María Roé

Todos tenemos una imagen mental de quiénes somos, cuál es nuestro aspecto, en qué somos buenos y cuáles son nuestros puntos débiles. Llamamos *autoimagen* a esa imagen mental que nos formamos a lo largo del tiempo, en cierto modo resultado de nuestra relación con los demás. Esa imagen mental (nuestra autoimagen) determina nuestro nivel de autoestima.

Podríamos definir la autoestima como la opinión general que uno tiene de sí mismo, de sus capacidades y de sus limitaciones. Sobre ella influye cuánto de queridos, valorados y aceptados fuimos en nuestra infancia, cuánto lo somos hoy por quienes nos rodean, y por último, en qué medida nos queremos, valoramos y aceptamos a nosotros mismos.

Cómo me siento hacia mí mismo, mucho de ello fruto de las etiquetas que nos colgaron en nuestra infancia, influye de forma determinante en la manera en la que me siento hacia mí mismo, en la que vivimos nuestra vida y en lo que nos creemos capaces de hacer. Aquellos que se sienten queridos y apreciados disfrutan de una buena autoestima, tienen mejores relaciones sociales y no les resulta difícil pedir ayuda y apoyo cuando lo necesitan. Una buena autoestima te permite aceptarte a ti mismo y vivir la vida de forma plena.

Un exceso de autoestima aparece cuando uno se considera superior a los demás, cuando de puro positivo tengo una visión un tanto irreal de mí mismo. En ese caso me convierto en arrogante y, por tanto, incapaz de aprender de mis errores.

84

Sufrimos de baja autoestima cuando le damos poco, o nada, de valor a nuestras propias opiniones e ideas. Consideras a los demás más capaces que tú y te centras en percibir tus debilidades y tus errores. Tus capacidades te merecen muy poca confianza, no sabes aceptar halagos o regalos y tienes mucho miedo al fracaso. Sientes que no gustarás a nadie, que nadie te aceptará. Como la rosa del cuento con el que hemos empezado este capítulo, pese a que posees en ti mismo las cualidades que admiras en los demás, no puedes verlas. Quienes sufren de baja autoestima tienen tendencia a la depresión y a tolerar situaciones o relaciones abusivas.

El nivel adecuado de autoestima reside entre estos dos polos, y significa que tienes una opinión de ti equilibrada, reconoces tus defectos y tienes buena opinión de tus capacidades. Cuando reconoces tu valía haces que los demás sientan respeto hacia ti, por tanto, tienes buena relación con tu entorno, estás abierto a los cambios y a aprender. Con un buen nivel de autoestima te sientes bien contigo mismo y merecedor del respeto de los demás. Te cuesta menos enfrentarte a tus errores, decepciones y fracasos, y es más probable que perseveres en algo hasta que lo consigas.

Quienes tienen un saludable nivel de autoestima son asertivos a la hora de expresar opiniones o necesidades, tienen confianza en su toma de decisiones, pueden entablar relaciones estrechas y, lo más importante, pueden abandonar aquellas que podrían resultarle poco adecuadas. Son realistas y no critican ni a los demás ni a sí mismos, no sienten desesperanza, culpa, ni vergüenza, sino que poseen un fuerte poder de superación y de manejo de situaciones de estrés.

Dentro de este universo de la imagen que tengo de mí mismo, nos encontramos con otra figura: la autoaceptación, que, aunque distinta a la autoestima, está estrechamente relacionada con ella.

La autoestima se refiere a cuánto de válidos somos o cuánto «merecemos la pena» mientras que la autoaceptación nos permite hacernos conscientes de nuestras debilidades, limitaciones y condicionantes de forma que no limiten nuestra capacidad de aceptarnos como somos.

Para llegar a la autoaceptación hemos de adoptar una postura más amorosa hacia nosotros mismos. Hemos de darnos cuenta de que durante nuestra vida nos hemos sentido obligados a demostrar a los demás nuestra valía, de la misma forma que de niños tuvimos que demostrársela a nuestros padres. Nuestro hábito de buscar y, sobre todo, de necesitar la aprobación de los demás es reflejo del amor condicionado que hemos sentido de nuestros padres, amor cuyas cicatrices quizá aún arrastramos. Si nos obligamos a ser perfectos, según nuestros propios estándares de perfección, repetimos la situación de amor condicional que sentimos con nuestros padres.

No se trata de arreglar algo en nosotros; mediante la autoaceptación estamos afirmando quiénes somos y cuáles son nuestros puntos débiles y fuertes que poseemos en cada momento. Solo cuando dejemos de juzgarnos seremos capaces de percibirnos tal y como somos y, en ese momento, la autoestima empezará a consolidarse de una forma natural.

Para cultivar la autoaceptación debemos comenzar diciéndonos que en cada ocasión lo hemos hecho lo mejor posible, para así evitar sentimientos de culpa, e incluso vergüenza, por los errores cometidos.

Todos tenemos problemas con nuestra autoestima en determinados momentos de la vida, pero de la misma forma que la imagen que tenemos de nosotros mismos va cambiando a lo largo del tiempo, la autoestima no es algo inamovible, sino que se puede mejorar. Antes de poder construir una autoestima sana es preciso pararse a analizar qué es lo que podría estar causando esos problemas.

El «cómo nos ven» o «cómo nos tratan los demás» y el «cómo nos vemos a nosotros mismos» tienen un gran impacto sobre nuestra autoestima, sobre la nuestra y sobre la de nuestros hijos. Evidentemente, el hecho de que alguien cuya aceptación valoran mucho (por ejemplo, nosotros sus padres o sus profesores) le haga de menos, puede afectar mucho a su autoestima y, a la larga, despertar esa voz interior nuestra que encontrará fallos en todo lo que hagan. Prestar oídos, a lo largo del tiempo, a una voz interior negativa puede dañar la autoestima de un niños con tanta intensidad como si la crítica viniera de fuera.

12 ideas para desarrollar una sana autoestima en tu hijo

1. Tu hijo también tiene derechos, no solo obligaciones. Tiene derecho a:

   - Ser respetado
   - Brillar con luz propia
   - Ser diferente a ti
   - Equivocarse
   - Ser desordenado
   - Ensuciarse
   - Elegir
   - Que se confíe en él
   - Reír
   - Llorar
   - Sentirse aceptado
   - Sentirse querido
   - Jugar

2. Procura no criticar ni emitir juicios sobre los demás ante tu hijo. Es habitual sorprendernos instalados en el juicio y la crítica. Hemos crecido poniendo la atención en lo que falta, sin disfrutar de lo que hay o de lo que tenemos. Un niño que escucha críticas constantemente acabará adoptando esa costumbre y no solo hacia los demás, sino que se convertirá en el más feroz crítico de sí mismo.
   La tolerancia hacia los demás permite una mirada amorosa hacia uno mismo.

3. Ayúdale a identificar qué se puede cambiar y lo que no.
   Si hay algo tuyo que no te hace feliz, y puedes cambiarlo, empieza ahora mismo. Si se trata de algo que no puedes cambiar empieza a trabajar para quererte tal y como eres.

4. Transmítele que la perfección no existe.
   Algunas personas se acaban paralizando debido a sus ansias de perfección. Hazle ver en qué es bueno y con qué disfruta, y ayúdale a ir a por ello.

5. Cultiva la gratitud.
    Desde la gratitud se aprende a valorar a los demás, lo que se tiene y, por extensión, a valorarse a uno mismo. Con nuestro ejemplo hemos de hacerles llegar la importancia de sentirnos agradecidos por lo que tenemos y quitar la atención en lo que nos falta o de lo que carecemos.
    Los niños aprenden con el ejemplo. Estas son algunas ideas para practicar la gratitud con ellos:

    - Antes de dormir aprovechad unos instantes para agradecer algo que ha ocurrido en nuestro día o agradecerle a alguien algo que os ha aportado.
    - Crear una «caja de la gratitud», un recurso muy útil para aquellos que son algo más mayores y a los que les suele costar más abrirse y mostrarse: colocamos una bonita caja en algún lugar de la casa y en ella iremos toda la familia metiendo mensajes de agradecimiento, que revisaremos juntos una noche al mes.
    - Acostúmbrales a decir gracias cuando reciben un beso, un regalo, un buen rato, un dibujo, una palabra bonita: ello les ayudará a poner la atención en las buenas experiencias.

6. Hazle ver que los errores forman parte del aprendizaje.
    Admite ante tus hijos que cometes errores, que todo el mundo los comete y que no pasa nada por ello mientras haya voluntad de corregirlos.
7. Reconoce en él, y házselo saber, sus habilidades y sus capacidades. Dile que es bondadoso, divertido, generoso, tierno, servicial, etc., lo que veas en él. El reconocimiento es la herramienta más potente para general autoestima, ya que le conectará con lo poderoso que es. No caigas en el error de adular o halagar, cuando se lo digas hazlo con verdadera admiración, sincera y clara.
8. Enséñale a transformar los pensamientos negativos en positivos. Ayudémosles a ser conscientes de lo que se dicen a sí mismos, del dialogo interno que mantienen. Enseñémosles a convertir los «no puedo», «no soy capaz», o «no me atrevo» en «querer es

poder», en «consigo lo que me propongo de verdad», en «voy a intentarlo».

9. Fomenta en tu hijo, desde el ejemplo, que colabore en alguna iniciativa solidaria y haga ejercicio de forma regular.
10. Pon a su alcance la posibilidad de probar cosas nuevas, de experimentar con diferentes actividades que le pongan en contacto con sus aptitudes.
11. Enséñale a pensar qué le gustaría conseguir y a diseñar un plan con los pasos que le permitirán conseguirlo.
12. Hazle ver que su opinión, sus razones y sus ideas te importan, para que nunca tenga miedo a expresarlas.

¿En qué beneficia a nuestros hijos tener una buena autoestima?

- Les aporta confianza en sí mismos y seguridad.
- Les da fuerza para luchar y sobreponerse a las dificultades.
- Mejora sus relaciones sociales.
- Les ayuda a respetar, aceptar y poner límites.
- Desarrolla su nivel de compromiso y responsabilidad.
- Les aporta autonomía y les hace independientes.
- Mejora su concentración por no preocuparse por lo que los demás piensen de ellos.
- Permite que su mente y sus pensamientos estén más relajados.
- Les hace más resolutivos.
- Les ayuda a gestionar mejor sus emociones.

Ejercicios prácticos

Ejercicio 1: ¿Te apetece conocer tu nivel de autoestima?

Haz una marca en la casilla que corresponda al lado de cada afirmación.

Puntúa con un 3 cada vez que hayas marcado SIEMPRE.
Valora con 2 puntos cada respuesta en la casilla MUCHAS VECES.
Puntúa con 1 punto cada A VECES.

A cada respuesta NUNCA le corresponden 0 puntos.

Tengo confianza en mi mismo				
Me acepto como soy				
Se mantenerme firme en mis ideas y decisiones				
Me considero una persona querida				
No me cuesta expresarme cuando estoy en grupo				
Pienso que mi opinión es tan válida como la de los demas				
Merezco ser feliz				
Cuando me equivoco pienso: «es humano cometer errores»				
Me resulta fácil aceptar una crítica				

De 0 a 16 puntos: Hay aspectos que te vendría bien trabajar.

Entre 17 y 25 puntos: ¡Enhorabuena! Ya estás en el camino; aún hay alguna cosilla que mejorar.

De 26 a 36 puntos: Disfrutas de vivir en sociedad y tienes una saneada autoestima. Una vez descubras qué aspectos están aún pendientes de resolver, brillarás con toda tu luz.

Una vez vistas las puntuaciones, permítete la siguiente reflexión:

¿Cómo creo yo que puede afectar mi nivel de autoestima en mis hijos?

....

....

Ejercicio 2: Mis puntos fuertes.

El siguiente cuestionario va a servirte para descubrir cuáles son tus puntos fuertes y qué aspectos sería conveniente trabajar.

Puntúa del 1 al 5 las siguientes afirmaciones, siendo 1 falso y 5 totalmente cierto:

- Me acepto como soy
- Suelo estar de acuerdo conmigo
- No me cuesta decir No
- No me cuesta mantener ni defender mis posturas

- Me gusta recibir cumplidos
- Soy mi mejor amigo
- Soy tolerante con los demás
- Tengo una buena imagen de mí mismo
- Siento que mi vida tiene sentido
- Me siento realizado a nivel profesional o laboral
- No me importa hablar de mis cualidades
- Vivo de acuerdo con mis valores
- No suelo criticarme ni censurarme
- Acepto mis debilidades
- Me concedo tiempo para mí mismo
- Siento que los demás me aceptan y me aprecian
- Confío en mis capacidades para seguir adelante
- No me cuesta expresar amor o cariño
- No me machaco cuando cometo errores
- Se callar a ese «pepito grillo» que hace que piense cosas negativas de mí mismo
- Me alegro de los éxitos de los demás
- Elijo mi vida, tomo decisiones y asumo responsabilidades

Todos los aspectos que has puntuado con un 4 o un 5 constituyen tus puntos fuertes: si son muchos es que tienes una buena autoestima.

Los aspectos puntuados con un 1 o un 2 son puntos débiles que merecen atención para desarrollarlos.

Los aspectos puntuados con un 3 son aquellas áreas que estás casi a punto de convertir en fortaleza.

Elige las cuatro en las que has obtenido más baja puntuación y elabora una plan de acción para cada una, de modo que aumente su valoración:

1.- ....
2.- ....
3.- ....
4.- ....

Te recomiendo que realices este *test* regularmente, al menos cada tres meses, para comprobar tu progresos y que vayas elaborando los correspondientes planes de acción cada vez.

Ejercicio 3: Me hago consciente de mis logros.

Pídele a tu hijo que nombre cuatro logros o éxitos que haya alcanzado en el último mes:

1.- ....
2.- ....
3.- ....
4.- ....

Proponle que escoja uno de esos logros e identifique tres capacidades, habilidades o características de su persona que le hayan permitido llegar allí.

1 - ....
    a.- ....
    b.- ....
    c.- ....

En esta tabla encontrarás algunos ejemplos:

Responsable	Atento	Amable	Comprometido
Buen amigo	Sabe escuchar	Optimista	Seguro
Sincero	Generoso	Trabajador	Esforzado
Determinado	Fiable	Confiado	Organizado
Creativo	Espabilado	Apasionado	Inteligente
Insistente	Reflexivo	Respetuoso	Luchador
Positivo	Independiente	Honesto	Cariñoso
Enérgico	Alegre	Consistente	Amoroso

Repite ese ejercicio con cada uno de esos cuatro logros:

2.- ....
   a.- ....
   b.- ....
   c.- ....

3.- ....
   a.- ....
   b.- ....
   c.- ....

4.- ....
   a.- ....
   b.- ....
   c.- ....

Por último, como colofón a este ejercicio, ayuda a tu hijo a darse cuenta de cómo se siente uno cuando alcanza un logro, un sueño:

¿Cómo te sientes al haberlo logrado?

....

....

....

Ejercicio 4: La ronda de reconocimiento.

Te proponemos crear un juego cómplice con toda la familia. Proponles que un día a la semana, a la hora de la comida o de la cena, cuando estéis toda la familia reunidos, aprovechéis todos y cada uno para reconocer en voz alta algo de los demás:

Mamá es divertida y valiente
Papá es generoso y optimista
Oscar es ocurrente y juguetón
María es observadora y simpática

Es el momento de descubrir qué te encanta de cada uno de los miembros de tu familia y una excelente oportunidad de decíroslo.

Ejercicio 5: ¿Cómo anda mi hijo de autoestima?

Como hemos visto a lo largo de este capítulo, un niño con una buena autoestima es:

- Seguro de sí mismo.
- Tranquilo
- Positivo
- Optimista
- Capaz de expresar sus sentimientos
- Abierto y sincero
- Capaz de hacer amigos
- Activo
- Capaz de mejorar cada día y ser un poco mejor
- Capaz de adaptarse a los cambios y reponerse ante la adversidad

Pide a tu hijo que puntúe del 1 al 10 todas estas características, para valorar su nivel de autoestima.

Elige las cuatro en las que tu hijo haya obtenido más baja puntuación y ayúdale a elaborar un plan de acción para cada una, orientado a mejorar ese aspecto en concreto:

1.- ....
2.- ....
3.- ....
4.- ....

Ejercicio 6: Mis nubes negras.

Busca para tu hijo y para ti una libreta en la que ir rellenando durante la próxima semana, de lunes a domingo, los tres pensamientos negativos sobre vosotros mismos que se repitan una y otra vez.

Antes de acostaros, buscad un momento juntos y convertid cada una de vuestras ideas negativas en positivas.

Aprovecha este ejercicio para fortalecer el vínculo entre los dos. Elige una libreta igual para ambos, genera ese clima de confianza y ese momento de compartir. Muéstrate como eres, así tu hijo aprenderá que no hay nada malo en hacerlo.

Ejercicio 7. El pensamiento de la semana.

Elegid juntos el pensamiento positivo que durante la próxima semana queréis potenciar y ayúdale a crear un cartel, decorándolo juntos. Pegadlo en el frigorífico, a la vista de todos.

Ese será el pensamiento positivo que os comprometéis a mantener en mente durante la semana.

¡Invitad al resto de la familia a que se una a vuestro reto!

Acta de compromiso

Durante este capítulo has descubierto tus cualidades, así como esas áreas de mejora que sin duda harían que te sintieras aun más orgulloso de ti mismo y que tu vida, vuestra vida, fuera más feliz aun. Rellena esta hoja de compromiso contigo mismo y con tu hijo, sobre una acción que vas a emprender desde este mismo momento para generar más autoestima en los dos. Recuerda que debes enunciarlo de forma que sea un objetivo SMART[6].

Yo, ……………………………………………… me comprometo conmigo mismo y con mi hijo emprender hoy mismo la siguiente acción, encaminada a generar más autoestima en nosotros.

Con relación a mi hijo me comprometo a: ………………………………
………………………………………………………………………………………
………………………………………………………………………………………
………………………………………………………………………………………
………………………………………………………………………………………

Hacia mí mismo me comprometo a: ………………………………………
………………………………………………………………………………………
………………………………………………………………………………………
………………………………………………………………………………………
………………………………………………………………………………………

Fecha y firma

---

[6] Hace referencia a los elementos necesarios para definir nuestros objetivos de forma eficaz. Estos han de tener las siguientes características:

S (Specific): Específico, es decir, lo más concreto posible.
M (Mesurable): Medible.
A (Achievable): Alcanzable.
R (Realistic): Realista. Los objetivos deben estar al alcance de tus posibilidades.
T (Time-Bound): Acotado en el tiempo, planteado desde el cuánto, cuándo, a qué hora.

Cree en tu hijo para que crea en sí mismo: las creencias

El camello y el poste

É*rase una vez un rey que se dispuso a viajar a través del desierto para ir a conocer a la que sería su esposa, y emprendió camino con una larga caravana de camellos.*

Tras varias semanas de viaje sin descanso entre las dunas llegaron a un oasis y decidieron pasar allí la noche.

Estaban todos muy cansados, así que el rey mandó atar a los camellos para que descansaran durante la noche y retomar al día siguiente el viaje. Comenzaron a atar a los animales y se dieron cuenta de que faltaba un poste al que atar el último camello.

Los conductores estaban agotados y con ganas de dormir, nadie quería pasar la noche en vela vigilando al animal, pero tampoco querían perder el camello, ya que todos ellos eran necesarios para continuar con el viaje.

Después de mucho pensar, uno de los hombres tuvo una gran idea. Fue hasta el camello, cogió las riendas y realizó todos los movimientos como si atara el animal a un poste imaginario. Después, el camello se sentó, convencido de que estaba fuertemente sujeto y todos se fueron a descansar.

A la mañana siguiente, desataron a los camellos y los prepararon para continuar el viaje, pero el camello que no estaba realmente atado a un poste no quería ponerse en pie. Los conductores tiraban y tiraban de él, pero el animal no quería moverse.

Finalmente, uno de los hombres entendió el porqué de la obstinación del camello. Se puso de pie delante del poste imaginario y realizó todos los movimientos con que normalmente desataba la cuerda para soltar al animal.

Cuento anónimo

Tu hijo será una estrella si tú lo crees y si crees en esa luz que está dentro de él. De no ser así, igual que le pasaba al camello, se quedará sin moverse, sin desplegar todo su potencial.

Creer en él supone permitirle explorar en sus propias capacidades, alentarle, apoyarle, respetar sus puntos de vista y decisiones. Eso es lo que tu hijo necesita para creerse el ser único e irrepetible que es en realidad.

Creyendo en él le das alas, le estás ayudando a convertirse en una persona autónoma y capaz. En realidad: creas lo que te crees y eso es de lo que trata el efecto Pigmalión[7], que se produce cuando consigues lo que te habías propuesto simplemente porque creíste firmemente que eras capaz de conseguirlo. Si te crees capaz de alcanzar ese logro, tu autoestima aumenta, pero si te sientes incapaz no solo de lograrlo sino de tan siquiera empezarlo, ¿imaginas cómo afectaría a tu autoestima?

Robert Rosenthal[8], a inicios de los años 60, estudió el efecto Pigmalión y demostró cómo las expectativas que se tienen sobre alguien influyen en su comportamiento. En una escuela primaria realizó diversos *tests* de inteligencia a alumnos de entre siete y once años. Simuló que analizaba los resultados y comunicó a los profesores que una mitad de cada clase, elegida totalmente al azar y sin tener en cuenta los resultados reales del *test*, tenía un coeficiente intelectual muy superior a la media, mientras que la otra mitad tenía una inteligencia o capacidad mediocre.

---

[7] El efecto Pigmalión toma su nombre del mito griego en el que el escultor Pigmalión se enamoró de una de sus esculturas a la que bautizó como Galatea, y lo hizo hasta tal punto que la trataba como si fuera una mujer real, como si estuviera viva. Afrodita, Diosa del Amor, al ver la pasión que este sentía por la estatua hace que cobre vida la mujer de sus sueños. Es el sueño hecho realidad.

[8] Robert Rosenthal, Doctor en Psicología y Catedrático en la Universidad de Harvard.

98

Los resultados de esta investigación arrojaron que aquella mitad de alumnos que se habían «etiquetado» como más inteligentes obtuvieron mejores notas a final de curso que la mitad de la clase. Lo que realmente ocurrió fue que los profesores lo creyeron y les comenzaron a tratar como superdotados; esa actitud de los profesores había obrado en los alumnos el «milagro» de la excelencia, transformando y estimulando sus realmente mediocres capacidades. Como se los consideró inteligentes, y se les trató como inteligentes, los niños se lo creyeron y efectivamente actuaron como tales. ¡Qué tremenda importancia tienen las expectativas propias y ajenas en nuestro comportamiento!

Decía Henry Ford: «Si crees que puedes, o si crees que no puedes, en ambos casos estás en lo cierto». Si nosotros creemos que no podemos, tendremos razón. Si los demás deciden que no somos capaces y elegimos creerles, entonces tendrán razón también. Dependiendo de lo que esperamos que ocurra daremos una orden u otra a nuestra mente para enfrentarse a una situación. La realidad es que debería carecer de importancia lo que los demás piensen de nosotros, para que no actuemos «según lo que nosotros creamos que ellos creen sobre nosotros».

En el caso de nuestros hijos, que es lo que nos ocupa en este libro, somos sin duda su referente, en quiénes se miran para crecer como adultos, haciendo suyas muchas de nuestras actitudes. Si bien de adultos ya no es tan necesaria la validación ajena, para nuestros niños resulta vital nuestra fe en sus capacidades, en su luz.

Si creo en mi hijo, se lo digo y se lo demuestro con mis actos y actitudes, me convertiré en un referente que le aportará seguridad en sí mismo. Si, por el contrario, aplico sobre él mis propias expectativas, si le corto las alas, crecerá siendo un pozo de inseguridades. Todo dependerá de mi mirada hacia él y lo que espero, o dejo de esperar, de él. Es decir, dependerá de mis expectativas.

Como ya apuntamos en el apartado sobre las etiquetas, una profecía autocumplida es una expectativa que nos lleva a actuar de modo que lo que espero que pase, ocurra.

> *—A mí nadie me quiere.*
> *—¿Qué te hace pensar así?*
> *—Que sé que nadie me quiere. Cuando conozco a alguien y me muestro como soy, me rechazan. En general no gusto…*
> *—¿Qué es para ti mostrarte como eres?*
> *—Decir lo que pienso sin que me importe cómo se lo tomen los demás, hay gente a la que no le gusta la sinceridad. Además, no tengo por qué soportar el mal humor de nadie ni que me vengan con sus problemas. Tengo mal genio.*
> *—¿Puede ser que, a veces, te muestres arisca y a la defensiva?*
> *—Y cómo no voy a estar a la defensiva: ¡si nadie me quiere!*

Minerva (17 años)

La profecía autocumplida nos demuestra cómo nuestro propio subconsciente nos engaña. En este ejemplo, como Minerva está convencida de que nadie la quiere actúa a la defensiva, al actuar a la defensiva la gente se siente atacada y se aleja, entonces ella finalmente tiene razón: nadie la quiere.

Antes de que existiera el rechazo real ella ya lo estaba esperando. Una vez que nos convencemos a nosotros mismos de que una situación tiene un cierto significado, *realmente* lo tenga o no, nos comportaremos según esa idea.

Y tú, ¿qué creíste que eras o cómo creíste que tenías que ser?

Y desde esa creencia, ¿qué esperas de tus hijos?

¿Cómo crees que son o tienen que ser?

¿Me acompañas a descubrirlo en las siguientes páginas?

Ejercicios prácticos

Ejercicio 1: Cuando creyeron en mí.

Intenta recordar a esa persona que creyó en ti y en tus capacidades cuando eras un niño.

Trata de recordar ese momento mágico en el que esa persona vio tu luz: ¿Qué te decía? ¿Cómo te escuchaba? ¿Cómo te hacía sentir? Fijándote en esa persona, ¿cómo era?, ¿qué cualidades tenía?

La persona que más creyó en mí fue: ....

Dedica un minuto a escribir todo aquello que recuerdes de esa persona y enumera al menos cuatro características que recuerdes de ella.

1.- ....
2.- ....
3.- ....
4.- ....

Ahora que la has traído a la mente, ahora que está aquí, aprovecha agradecerle, aunque sea solo con tu pensamiento, aquello que hizo para

CREER EN TI

Ejercicio 2: Yo creo en ti.

Te invito a recordar un momento en el que tu hijo te haya sorprendido; una ocasión en la que le observaste con autentica admiración, orgulloso y fascinado. Responde a las siguientes preguntas con relación a ese momento:

¿Qué ocurrió?

....

¿Qué hizo tu hijo que te impactó?

....

¿Cómo te sentiste?

....

¿Cómo te comportaste?

....

¿Cuál fue tu actitud hacia tu hijo?

....

De esa escena, elige cuatro rasgos que pudiste ver en él y que realmente admiras:
1.-...
2.-...
3.-...
4.-...

En esa misma situación:

¿Cómo crees que se sintió tu hijo cuando vio tu orgullo y tu admiración?

....

¿De qué forma lo demostró?

....

¿Qué sientes que creció en él ese día?

....

Una vez te has dado cuenta de cómo te sentiste
y cómo se sintió él al ver tu orgullo y admiración,
¿cómo sería tener siempre esa mirada hacia tu hijo?
¿Qué crees que él ganaría si fuera esa siempre tu mirada?

Acta de compromiso

Durante este capítulo has tomado conciencia de tus creencias sobre ti mismo y sobre tu hijo. Desde esa nueva información rellena esta hoja de compromiso contigo mismo, sobre tres acciones que vas a practicar desde ahora mismo para ayudar a tu hijo a desarrollar todo su potencial. Enúncialo de forma que sea un objetivo SMART[9].

Yo, ... me comprometo conmigo mismo y con mi hijo, a emprender desde ahora mismo la siguiente acción, encaminada a descubrir toda su luz y todo su potencial.

Hacia mi hijo me comprometo a:

a...
....
....

b...
....
....

c...
....
....

Fecha y firma

---

[9] Hace referencia a los elementos necesarios para definir nuestros objetivos de forma eficaz. Estos han de tener las siguientes características:

S (Specific): Específico, es decir, lo más concreto posible.
M (Mesurable): Medible.
A (Achievable): Alcanzable.
R (Realistic): Realista. Los objetivos deben estar al alcance de tus posibilidades.
T (Time-Bound): Acotado en el tiempo, planteado desde el cuánto, cuándo, a qué hora.

No lo sientas por mí, siéntelo conmigo: la empatía

El dado que pacificó mi tablero

Yo no lo sabía, pero las fichas blancas y negras de mi juego favorito se odiaban a muerte. Cada noche, mientras yo dormía, peleaban por la única casilla multicolor del tablero, a la que las blancas llegaban siguiendo el caminito de casillas blancas que cruzaba su reino, y las negras siguiendo otro caminito de casillas negras que atravesaba el suyo.

Aquella lucha tan igualada parecía no tener fin, así que el señor Dado les propuso la partida definitiva: se enfrentarían los líderes de cada bando y el vencedor se quedaría con la casilla multicolor para siempre.

—Para evitar trampas —añadió Dado—, ambas pasarán la noche anterior aisladas y vigiladas por mí. Yo las llevaré luego a su casilla de salida.

Tanto dolor había dejado en las fichas aquella feroz guerra, que no dudaron en aceptar la propuesta del viejo y sabio señor Dado, quien, al caer la noche, llevó a ambas fichas a un lugar secreto del tablero. Estas esperaban algún tipo de premio o discurso pero, para su sorpresa, solo encontraron dos cubos de pintura, uno blanco y otro negro.

—Cambiaréis vuestros colores esta noche, y mañana jugaréis la partida con el color al que siempre os habéis enfrentado. Tenéis la misma forma, y solo cambia vuestro color, así que nadie se dará cuenta; pero tampoco podréis decírselo a nadie.

Las dos fichas obedecieron sorprendidas y al día siguiente viajaron hasta llegar a la casilla de salida de cada uno de los caminos.

La ficha negra, toda ella pintada de blanco, cruzó el reino de las fichas blancas entre aplausos y gritos de ánimo, sin que nadie supiera que esta-

ban aclamando a la mejor de las fichas negras. Allá por donde pasaba recibía flores, regalos y muestras de cariño de fichas grandes y pequeñas. Viendo la ilusión que generaba ganar aquella casilla, la ficha negra descubrió que el reino de las fichas blancas no era tan distinto del suyo, aunque fueran de colores opuestos. La partida comenzó, y en su emocionante viaje por el caminito de casillas blancas a través del reino rival, la ficha negra se sintió un poquito menos negra. Hasta que, llegando al final de la partida, cuando estaba tan cerca que podía verse la última casilla, la ficha negra no recordaba ninguna razón para detestar a las fichas blancas.

Entonces se encontró frente a frente con la ficha blanca, toda ella pintada de negro, y sintió un fuerte deseo de abrazarla como a una de sus hermanas. La ficha blanca, que había vivido algo muy parecido en su viaje por el país de las fichas negras, sintió lo mismo. Y, olvidando la partida, ambas avanzaron hasta la casilla multicolor para fundirse en un gran abrazo.

Casi nadie entendía qué había pasado, pero daba igual. Todas tenían tantas ganas de paz, que no dudaron en lanzarse a la casilla multicolor para seguir abrazándose unas a otras y celebrar el fin de la guerra.

Desde entonces, cada noche, la casilla multicolor se llena de fichas blancas y negras, y de los dos cubos de pintura que puso allí el señor Dado, para que quienes quieran ver el mundo con los ojos de los demás puedan hacerlo siempre que quieran.

Pedro Pablo Sacristán

La empatía es la capacidad de «ponerme en la piel del otro», de sentir las emociones de los demás, cuánto son de intensas y qué es lo que las provoca.

Si como madre soy capaz de leer las emociones de mis hijos y, por tanto, conocer sus necesidades, podré actuar en consecuencia y mejorar nuestra relación. Además, si enseño a mi hijo a ser empático, le resultará mucho más fácil relacionarse con los demás, motivarlos, manifestarles su amor, tranquilizarles, inspirarles simpatía y confianza.

Sentir empatía no significa estar de acuerdo con el otro ni dejar de lado las propias convicciones y hacer nuestras las suyas; se puede estar en completo desacuerdo con alguien sin por ello dejar de ser empático y respetar su posición sin juzgarla.

En el ámbito de las relaciones humanas existen dos términos que solemos confundir: simpatía y empatía. Aunque ambas tratan de emociones, son cosas muy distintas. La simpatía me permite sentir lo que siente el otro desde la compasión por él y es precisamente esa compasión la que me hace ponerle en una situación de inferioridad respecto a mí. Con empatía no me limito a sentir compasión, sino que le hago ver que entiendo por lo que está pasando. No soy ni más ni menos que tú, lo siento contigo a un mismo nivel; sentimos juntos.

La empatía hace que sintamos en nuestros corazones los sentimientos de los demás, que los entendamos, pero que además, comprendamos su perspectiva, sus razones, sus deseos y sus creencias. Con la empatía yo hago saber a mi interlocutor que estoy a su lado, que comparto sus sentimientos y que, además, no le juzgo.

Ante una situación de dolor, la simpatía hace que «lo sienta por esa persona» pero no llego a hacer mío cómo él se siente; la empatía, por el contrario, hace que «lo sienta con esa persona». Estarás de acuerdo conmigo en que no es lo mismo «sentir por» que «sentir con»: la simpatía sugiere que esa persona que sufre está sola en su dolor mientras que la empatía me coloca a su lado, acompañándole.

Cuando alguien está sufriendo, lo que realmente necesita oír es: «A mí también me ha pasado», «opino lo mismo que tú» o «entiendo perfectamente lo que dices», todas ellas expresiones de empatía, y no la habitual expresión de simpatía: «No sabes cuánto lo siento», que lo único que consigue es hacer sentir al otro que se sienta aún más solo en su dolor.

¿Cuáles son los beneficios de cultivar la empatía?

Un niño al que se ha ayudado a desarrollar la empatía mejorará sus habilidades sociales, será capaz de comprender mejor su entorno y a lo largo de su vida será capaz de entablar relaciones más profundas, estables y duraderas.

Para enseñar a los niños a dialogar con empatía, la mejor forma es hacerle ver la importancia de ello a través de estas tres potentes preguntas:

- ¿Qué querría yo ESCUCHAR si estuviera en su situación?
- ¿Cómo me SENTIRÍA yo si me ocurriera lo mismo que a esta persona?
- ¿Qué puedo decirle para que encuentre una SOLUCIÓN a SU problema?

Si he de enseñarle desde el ejemplo: ¿Cómo desarrollar mi empatía con mi hijo?

- Analiza todo lo que NO dice.

La comunicación no verbal, es decir, sus gestos, su actitud, sus movimientos o su postura corporal, están cargados de muchísima más información que lo están las palabras. Su comunicación no verbal transmite los verdaderos sentimientos y el verdadero estado interior de tu hijo, ya que nace desde su inconsciente y resulta imposible, más para él en su corta edad, impostarlo.

En infinidad de ocasiones el contenido de una respuesta que te da tu hijo no se corresponde con la forma en la que lo expresa. Ante una pregunta como: «¿Qué tal hoy?», si su respuesta «bien» está acompañada de una mirada huidiza, su cabeza baja y un tono apagado, sabremos que algo no anda del todo bien, pese a que él nos diga lo contrario. El quid de la cuestión está en darnos cuenta de que, seguramente, está haciéndote saber algo que no sabe explicar con palabras. Por eso, analizar su lenguaje no verbal te va a dar muchas pistas sobre su mundo interior.

- Escucha sus palabras.

Escúchale más allá de las palabras, sin prejuicios, sin ideas preconcebidas y con la mente abierta. Tu hijo tiene una perspectiva del mundo totalmente distinta a la tuya, por tanto, aprovecha ese punto de vista para aprender de su forma sencilla de ver la vida.

No cuestiones, sino respeta, siendo tolerante y respetando las diferencias de criterio. Si te cierras en banda y no escuchas serás tú quien esté levantando una barrera que te separará de él y de su mundo.

• Pregunta, pregunta y pregunta; nunca des nada por sentado.

No se trata de juzgar, ni de analizar sino, desde el respeto, de COMPRENDER. Preguntas que tu hijo podría identificar como inquisitoriales, del tipo:

- ¿Qué sientes?
- ¿Qué te preocupa?
- ¿Qué necesitas?
- ¿Qué echas de menos?
- ¿Qué te gustaría pedirme o decirme?

Reformula tus preguntas de forma que le muestres interés y comprensión por sus circunstancias:

«No sé, pero últimamente te noto contrariado y te enfadas fácilmente. ¿Es así? ¿Qué te ha hecho enfadar?»

«Últimamente, te veo como distante con tus hermanos y conmigo. Cuéntame, ¿te gustaría estar en otro sitio?»

Si observas cómo están planteadas las preguntas de este ejemplo, parten de la idea de «te he observado (porque me importas), creo que algo no va bien (y quiero que seas feliz) y me gustaría ayudarte (por eso necesito que me cuentes qué puedo hacer para resolverlo)».

Desde ese nuevo enfoque pasarás de estar enfrente a estar a su lado, y eso es exactamente lo que estamos buscando.

• Ponte en sus zapatos.

Sí, y me refiero a ello de la forma más literal, ya que te permitirá sentir cómo siente tu hijo. Para entender el alcance de esta herramienta te propongo una breve visualización. Realizarla requiere práctica, pero ya has practicado la visualización en los capítulos anteriores de *mindfulness*, por tanto, te resultará razonablemente sencilla.

Nunca es tarde para comenzar a sentir cómo siente tu hijo.

A ser posible, grábala o pídele a alguien que ayude leyéndola en alto:

Cierra los ojos y, por un momento, imagina que eres un niño de la misma edad que tu hijo. Siente cómo siente su cuerpo un niño de esa edad, siente su energía, su ilusión, sus ganas de crecer y hacer cosas maravillosas y divertidas.

Disfruta de esa sensación.

Poco a poco te irás dando cuenta de que no es que seas un niño como tu hijo, sino que ERES tu hijo. Ve a su armario y ponte su ropa favorita y esas zapatillas que nunca se quita. Siéntate como él se sentaría, muévete como él se movería e imita sus gestos y posturas.

Piensa en su nombre y escúchate diciéndolo. Piensa en tres o cuatro cosas que a tu hijo le encanten y siente cómo vas poco a poco entrando en sintonía con él, entrando en su mundo.

Ahora que estás, no solo en sus zapatos sino en su piel, siente su energía, su vitalidad; siente su sitio en tu hogar, en su clase, entre sus amigos… y respóndete las siguientes preguntas:

¿Cómo me siento en casa?

¿Qué necesito de papá y de mamá?

¿Qué me gustaría pedirles o decirles?

Entre pregunta y pregunta deja una pausa para que te vengan las respuestas desde la experiencia de sumergirte en sus propias vivencias y en su realidad, tan distinta a la tuya.

En ese silencio, en esa pausa, llegarán las respuestas que estabas buscando.

Cuando te pones en los zapatos de tu hijo te das cuenta de que tu punto de vista ha pasado a ser infinitamente más amplio y estarás mucho más preparado para ayudarle.

• Conviértete en su guía y en su apoyo.

Una vez que puedes entender cuál sería la respuesta que le ayudaría, tu misión es ayudarle a que la encuentre por sí mismo, evitando la tentación de dársela tú. Juegas con ventaja porque tú ya tienes la respuesta.

Cree en tu hijo, permítele que conecte con sus propias capacidades y recursos y lánzale preguntas como estas, que le puedan arrojar luz al problema al que se puede estar enfrentando.

- ¿Qué te ayudaría a salir de esta situación?
- ¿Qué crees que podrías hacer para resolverlo?
- ¿Hay algo que necesites que haga yo?
- ¿Quién podría ayudarte?
- ¿Quieres que, juntos, planteemos varias posibles soluciones para que tú puedas elegir de entre ellas la que sientas que te puede venir mejor?

Ejercicios prácticos

Ejercicio 1: Comprendiendo a tu hijo desde sus propios zapatos.

Seguro que hay aspectos de tu hijo, de su personalidad o de su carácter que te gustaría entender, motivos que desconoces y actitudes que te confunden y te asombran. ¿Has probado a ponerte, alguna vez, en sus zapatos? Ese es el primer ejercicio que te invito a hacer.

En el primer bloque, correspondiente a *mindfulness*, hemos practicado la atención plena, la visualización y cómo centrarnos ayudados de la respiración. Te será fácil.

Busca un momento de calma, un ratito para ti en un lugar de la casa que te resulte cómodo. Piensa en tu hijo y siéntete él, visualizándote como si su cuerpo fuera el tuyo. Para ello puedes utilizar estas preguntas que te responderás de forma mental como si fueras tu propio hijo:

- ¿Cómo me llamo y cuántos años tengo?
- ¿Cuál es mi personaje favorito y qué es lo que más me gusta de él?
- ¿Qué quiero ser de mayor?

Ahora que has conectado con esa personita comienza a pensar en lo siguiente:

- ¿Qué es lo mejor de mí?
- ¿Cuál es mi papel en mi familia?
- ¿Cómo me siento desempeñando ese rol?
- ¿Qué necesito de mi familia?
- ¿Qué aporto a mi familia?
- ¿Qué es lo más importante para mí en estos momentos?
- Si tuviera una varita mágica, ¿qué haría con ella?

Una vez respondidas estas preguntas, puedes salirte de sus zapatos y volver a los tuyos de adulto. Desde la nueva perspectiva que has contemplado, te invito a que respondas las siguientes preguntas:

¿Qué he descubierto sobre mi hijo?

....

En estos momentos, ¿qué necesita de mí o de la familia?

....

¿Cómo puedo ayudarle?

....

Toma papel y bolígrafo e imagina que lo tienes frente a ti y escríbele una nota breve con lo que sientes hacia él y lo que significa para ti. Déjasela dentro de sus zapatillas o en un lugar en el que la encuentre fácilmente cuando llegue a casa.

Ah, y muy importante: ¡No te pierdas el impacto que va a suponer encontrar esa nota!

Ejercicio 2: Mi vida desde mis propios zapatos.

Busca una fotografía de ti mismo a la edad de tu hijo y recuérdate; recuerda cómo eras, qué te gustaba, cómo te sentías… vuelve a aquellos días. Con esa foto delante piensa en una situación complicada por la que ese niño pudiera haber pasado, ese niño que eres tú: una decepción con un amigo, un suspenso, una bronca con tus padres o la sensación de no estar a la altura en algún momento de tu vida. Siéntelo y, siendo ese niño que fuiste, hazte las siguientes preguntas:

¿Qué ha pasado?
¿Qué es lo que me enfada tanto?
¿Cómo me siento ante esa situación?

(Si lo necesitaras, recurre al vocabulario emocional que encontrarás en el bloque EMOCIONES, para poner nombre a la emoción que estás sintiendo).

¿Qué necesito en este momento de mis padres, de mis amigos, de quienes me rodean o con quienes estoy en conflicto?

Toma de nuevo papel y boli y prepárate para escribir a ese niño una carta desde tu Yo adulto, en la que le cuentas cómo ves tú esa situación, ahora que sabes cómo se siente él. Háblale de ti y háblale de él, de lo que ya sabes de la vida, de lo que has aprendido; dale consejos, consuélale, aliéntale.

Con esa carta vas a recuperar las sensaciones olvidadas de tu niñez y te vas a dar cuenta de cuánto ha cambiado la historia y tu perspectiva de ella cuando la vives desde tu Yo adulto.

Ejercicio 3: Desarrollando mi empatía con mi hijo.

Piensa en algún aspecto de tu hijo con el que te cueste empatizar: un patrón de comportamiento, una situación conflictiva, una falta de entendimiento…

Ejemplo:
Carla es una niña tranquila que suele comer muy despacio. No es que no coma, sino que come a un ritmo muy lento y cuando todos hemos acabado, ella aún está dando vueltas al primer plato. La verdad es que me crispa los nervios tanta parsimonia y me desespera. Me gustaría que comiera más deprisa.

Esta es una descripción de la situación, pero si te das cuenta está repleta de juicios. Escribe una explicación breve, describiendo los hechos objetivos, sin juzgarlos. Según el ejemplo anterior, sería algo así como:

> Carla es muy lenta comiendo. Acabamos
> todos de comer mucho antes que ella.

Coloca tres sillas unas frente a las otras, en forma de triángulo, y toma tres trozos de papel. En uno de los papeles escribe tu nombre, en otro el nombre de tu hijo (Carla, en este ejemplo) y en el último escribe la palabra «observador». Sitúa cada uno de los papeles bajo cada silla.

En primer lugar, siéntate en la silla que lleva tu nombre y permítete sentir todo lo que esa situación te despierte.

> ¿Cómo te sientes ante, por ejemplo,
> el hecho de que Carla coma tan despacio?
> ¿Qué necesitas para resolverlo?
> ¿Qué sientes la necesidad de decirle a tu hija?

Imagina que tienes a tu hijo delante, sentado en la otra silla vacía que tiene el papel con su nombre: ¿Cómo definirías su actitud?

Cuando hayas reflexionado sobre la situación, cambia de silla y siéntate en la que está marcada con el papel con el nombre de tu hijo. Siéntate en ella como si fueras él. Imita su postura y siente como él se sentiría. Comienza por sentirte en sus zapatos como lo hiciste en el Ejercicio 1 (pensando en su nombre, su edad, su personaje favorito y en las cosas que te gustan como si fueras tú mismo). Estás empatizando con él y con sus sentimientos.

> ¿Cómo te sientes ante la situación que os ha llevado allí?
> ¿Cómo te sientes ante esa otra silla donde
> está imaginariamente sentado tu padre o tu madre?

¿Qué necesitas de tu padre o madre?
¿Qué te gustaría decirle o explicarle?

Observa a quien sería tu padre o a tu madre, imaginariamente ahí sentado, frente a ti, escuchándote: ¿Cómo definirías su actitud?

Tómate todo el tiempo que necesites para reflexionar de la misma forma que lo haría tu hijo.

Ahora, siéntate en la última silla y conviértete en observador. Ese observador juega con ventaja porque ahora conoce los sentimientos de los dos, sus diferentes actitudes ante el problema, sus puntos de vista, y ha escuchado lo que ambos necesitan.

Como observador:

¿De qué manera ese padre o esa madre
contribuye a que su hijo se sienta así?
¿En qué contribuye el hijo a que el padre
o la madre se sienta como se siente?
¿Qué está en realidad ocurriendo?
¿Qué falta?
¿Qué sobra?
¿Qué necesitan ambos?

Se que me repito pero, de verdad, tómate todo el tiempo que necesites para analizar la situación como si fueras un observador imparcial y ajeno a la cuestión.

Desde ese conocimiento que te ha aportado estar en las tres posiciones, desde la empatía y esa toma de perspectiva, vuelve a sentarte en la silla que correspondería a los padres:

¿Qué ha cambiado?
¿Qué puedes hacer tú, como padre, de forma diferente?

Anótalo y házselo saber a tu hijo. No se trata de que le expliques todo el proceso, pero sí de que vea que te preocupa y que has pensado sobre ello, que para ti también es importante lo que está pasando, y quieres contribuir arrojando luz para resolverlo.

Te invito a que enseñes a tu hijo a utilizar esta herramienta para resolver sus conflictos con terceras personas: en una silla se sentará tu hijo y en la de enfrente se sentara él mismo después, representando a aquel con quien tiene ese conflicto: su hermano, un amigo, su profesor… Con ello estarás haciéndole un gran regalo: el regalo de la empatía.

Ejercicio 4: Yo soy tú.

Ahora que sabes ponerte en los zapatos de los demás, que sabes cómo hacer para sentir lo que sienten ellos, puedes convertirlo en un juego para practicar con tus hijos. A través de él los niños experimentarán cómo se siente uno en un rol diferente y aprenderán a empatizar con quienes les rodean.

Puedes anunciarlo como: «Vamos a jugar a ser otra persona en esta familia». Comenzad por la familia más cercana, quiénes convivís, y poco a poco podéis ir aumentando la dificultad, que no es otra cosa que ampliar el aprendizaje, incluyendo en el juego la figura de abuelos, tíos, primos…

Cada uno de los miembros traerá una prenda de vestir o unos zapatos, que usaremos para «disfrazarnos» de esa persona, lo cual además de divertido hace que les resulte más fácil meterse en el papel.

Todos tomaréis una prenda de esa persona por la que vamos a comenzar (todos nos ponemos algo de mamá, por ejemplo), cerraréis los ojos y os quedaréis un momento tranquilos, tal y como habéis aprendido a hacer en el bloque CUERPO. Condúceles a que se metan en el papel de mamá, sintiendo su prenda con la que están vestidos, y comienza a lanzarles las preguntas que encontrarás a continuación, lentamente, dándoles tiempo a reflexionar la respuesta de cada una. Recuerda la importancia de hablar en un tono grave, lentamente, vocalizando, a un volumen suave y alargando las palabras, tal y como has aprendido a hacer en aquel capítulo.

Se trata de que visualicen, que se abandonen a las imágenes y las sensaciones, de que se lo crean. No queremos que pierdan la concentración, así que no es necesario que contesten en voz alta, lo importante es que sientan como siente la persona a la que representan.

¿Cómo me siento al ser mi mamá?
¿Qué es lo mejor de ser mi mamá?
¿Qué es lo más difícil?
¿Qué es lo más importante para mí, ahora que soy mi mamá?
¿Cómo me siento?
¿A qué le tengo miedo?
¿Qué me preocupa?
¿Qué necesito de esta familia?
Si yo, que ahora soy mi mamá, fuera un animal,
¿qué animal sería?

Una vez que hayas pasado por todas esas preguntas, concédeles un ratito para que disfruten de la sensación de ser otra persona. Cuando consideres que es suficiente, haced un par de respiraciones profundas. Ya pueden abrir los ojos. Habrá llegado el momento de, por turnos, sin romper el clima de tranquilidad, hablar de la experiencia:

¿Qué has descubierto siendo mamá?
¿Qué necesita mamá de ti?

Y así, iréis recorriendo a todos y cada uno de los miembros de la familia. No hace falta representar el mismo día a todos los miembros, podéis usar este juego para crear ratitos íntimos.

Comenzad «convirtiéndoos» en papá y en mamá para que los niños vean cómo funciona, y permitidles que, cuando el resto de la familia les represente a ellos, lideren el ejercicio y sean ellos quienes hagan las preguntas de reflexión. ¡Te sorprenderás de cómo se mete «en el papel» de líder quien dirija la actividad!

El hecho de que cada uno de los miembros de la familia pueda experimentar cómo sienten los demás, ofrece una visión mucho más amplia de la realidad de cada uno y de la familia en general. La información que se obtiene es muy valiosa ya que, entre otras cosas, puedes descubrir cuál es la visión que tienen de ti tus hijos, y a través de ello, llegar a compromisos, pactos y acuerdos para mejorar vuestras relaciones.

Acta de compromiso

Durante este capítulo has descubierto el valor de la empatía a la hora de generar un vínculo más estrecho con tu hijo. Rellena esta hoja de compromiso contigo mismo, sobre una acción que vas a emprender hoy mismo para empatizar con tu hijo. Enúncialo de forma que sea un objetivo SMART[10].

Yo, ... me comprometo conmigo mismo y con mi hijo, para lograr que nos comprendamos mutuamente mejor, a emprender desde hoy mismo las siguientes dos acciones encaminadas a empatizar con él

a..
....
....
....
....

b..
....
....
....
....

Fecha y firma

---

[10] Hace referencia a los elementos necesarios para definir nuestros objetivos de forma eficaz. Estos han de tener las siguientes características:

S (Specific): Específico, es decir, lo más concreto posible.
M (Mesurable): Medible.
A (Achievable): Alcanzable.
R (Realistic): Realista. Los objetivos deben estar al alcance de tus posibilidades.
T (Time-Bound): Acotado en el tiempo, planteado desde el cuánto, cuándo, a qué hora.

¿Qué te estás perdiendo de tu hijo por no escucharlo como necesita que lo hagas?

Isabel llega corriendo pasillo adelante, ilusionada por un WhatsApp que le ha enviado una compañera invitándole a lo que ellas llaman un «fiestón».
Comienza a parlotear emocionada y a hacer planes en voz alta y, de repente, deja de hablar. De muy malos modos le grita a su madre, que estaba ocupada dando la cena al pequeño:
—Mamá, ¡te estoy contando algo importante!
—Te estoy oyendo —le contesta esta.
—Sí, pero no me escuchas. Nunca lo haces cuando tengo que contarte algo importante.
Isabel da un manotazo en la mesa de la cocina y regresa a su cuarto.
Su madre pone los ojos en blanco, suspira y sigue con la cena del pequeño.

La capacidad de escuchar a nuestro interlocutor es fundamental para descubrir qué necesita. Si escucháramos con detenimiento y atención a nuestros hijos descubriríamos lo que en realidad hay dentro de ellos.

Un clima de escucha en el hogar genera un nido seguro que siempre estará ahí y al que siempre podrán volver, ocurra lo que ocurra. La escucha favorece la confianza, el acercamiento, que se abran a ti y no se guarden sus cosas.

En el seno de las relaciones padre-hijo nos encontramos con tres diferentes niveles de escucha:

- La autoescucha: a través de la cual nos llegan las palabras del otro, pero nuestra atención está en nuestros propios pensamientos. Suele ser la más habitual en todos los ámbitos (familiar, social, laboral).

  Pese a que es una realidad que perdemos parte del mensaje que nos quiere hacer llegar nuestro interlocutor, resulta necesaria ya que nos permite conectar con nuestras ideas, opiniones y necesidades.

- La escucha focalizada: ocurre cuando la voz interior de nuestro hijo es la que nos llega mucho más allá de sus palabras. Toda nuestra atención está puesta en lo que dice (sus palabras), cómo lo dice (sus gestos, tonos), qué nos quiere decir (su comunicación no verbal) y lo que no nos dice (sus emociones, su energía).

  En la escucha focalizada no hay juicio ni interpretaciones, es pura escucha que nos permite captar todo de él.

  Esta es la modalidad de escucha que resulta vital cultivar con nuestros hijos.

- La escucha global: aquella en la que se tienen en cuenta las dos anteriores, además de la información que nos llega del entorno y los estímulos que nos rodean.

  Podríamos decir que es la más próxima a la intuición, puesto que la información que nos llega junta a través de todos los canales es prácticamente infinita.

  No son solo palabras, ni tampoco comunicación no verbal, sino también todo lo que rodea a aquello que nos están contando; podríamos llamarle una escucha de 360 grados.

La importancia de la escucha

La escucha, sin duda, fortalece el vínculo padre-hijo generando:

- Conexión entre ambos.
- Sentimiento de ser amado.
- Acercamiento.
- Espacios de comunicación y comunión.
- Sentimiento de confianza.

- Apertura a otros punto de vista y situaciones.
- Descubrimiento de la verdadera personalidad de tu hijo, sus intereses y anhelos.
- Sentimiento de ser escuchado y, por tanto, respetado.

¿Cómo desarrollar la escucha para con nuestros hijos?

En términos generales:

- Préstale toda tu atención, dejando al margen tus propias preocupaciones y pensamientos.
- Genera momentos relajados, íntimos, sin prisas y con un clima sereno y sin distracciones.
- Mírale a los ojos.
- Cree en sus palabras y confía en él.
- Imita su lenguaje corporal y su forma de expresarse.
- Muestra el verdadero interés que tienes en lo que te está contando.
- No juzgues ni elabores lo que te está contando.
- Respeta su punto de vista.
- Ponte en sus zapatos.
- No le interrumpas en su explicación.
- Deja espacios de silencio que le permitan organizar sus pensamientos.

Las palabras pueden mentir pero, como hemos visto en este capítulo, el lenguaje corporal no miente. Es una forma muy sutil para conseguir que tu hijo se sienta cómodo hablando contigo, basada en las siguientes herramientas:

- **La comunicación no verbal.** La psicología social ha descubierto que cuanto más naturalmente coordinados sean los movimientos de dos personas que se relacionan, más positivos serán los sentimientos que se generan entre ellas.

  Se conoce como *rapport* una herramienta de comunicación que ayuda a generar una relación de armonía, entendimiento y confianza mutua con tu interlocutor. Tiene relación con eso que habitualmente se conoce como «tener química» con alguien o estar «en la misma onda». Aplicando el *rapport* lograremos que nuestro hijo sienta confianza hacia nosotros.

Como verás en los ejercicios que te voy a proponer en este capítulo, cuando nos comunicamos cara a cara con alguien, nuestro lenguaje corporal acompaña a lo que estamos diciendo, reforzándolo y aportando gran cantidad de información sobre lo que se está hablando y cómo está siendo percibido por nuestro interlocutor.

Muestra a tu hijo, mediante tu postura, que tu atención está en él. Si te sientas en el borde de tu asiento, o de medio lado, con el móvil en la mano o la mirada puesta en otro sitio, le harás sentir que le oyes, no que le escuchas y que estás deseando que acabe para seguir con lo que estabas haciendo.

Un «arma» infalible es copiar su postura y sus movimientos de manera muy sutil, al mismo ritmo, pero no a la vez, es decir, sin imitarle. Así, conseguirás que se relaje y se sienta cómodo. El *rapport* resulta muy útil porque nuestro hijo percibirá que le hablamos en «su mismo idioma», lo cual nos permitirá conectar con él de una manera más eficaz y más profunda.

- **La voz**. Los aspectos más importantes de la comunicación verbal son el ritmo, el tono y el volumen, por eso, cuando los nuestros resultan similares a los de nuestro interlocutor se crea un clima de confianza mutua de forma automática.

El ritmo transmite el estado de ánimo de la persona, es decir, el nivel de energía que acompaña sus pensamientos. El ritmo de voz de tu hijo cuando se siente eufórico es ágil y en un tono y volumen altos; cuando hablamos con él nos acaba contagiando su euforia y tendemos a elevar nuestro ritmo y volumen para igualarlo al suyo. Si quisiéramos serenarle o sosegar su euforia podemos hacerlo reduciendo poco a poco el ritmo de nuestra conversación, lo cual provocará que él, inconscientemente, cambie su estado de ánimo a otro más neutro y sosegado.

Este mecanismo funciona igual para los estados negativos: si ves que tu hijo se siente triste o deprimido y quieres sacarle de ahí y animarle, comienza dirigiéndote a él en un ritmo similar al suyo y poco a poco ve aumentando tu ritmo; eso hará que te acompañe a un estado emocional más positivo en el cual pueda ver con más claridad cómo resolver aquello que le creó su desánimo.

- **Los silencios**. El silencio puede ser tan útil como el diálogo con nuestros hijos. Todos, y ellos más que nadie, necesitamos algo de tiempo para reflexionar sobre las respuestas antes de expresar en voz alta nuestros pensamientos.

Si mantenemos una conversación sobre un tema delicado o queremos que nuestro hijo reflexione sobre lo que le estamos diciendo o sobre lo que nos quiere decir, debemos introducir pausas en ella. Para ello existe lo que se conoce como «la regla de los tres segundos», que consiste en esperar durante tres segundos a su respuesta antes de asumir que la pregunta que le hemos planteado necesita una aclaración, y dejar tres segundos más de silencio después de su respuesta, antes de seguir hablando. Esto le ayudará a pensar sobre lo que está expresando.

Ejercicios prácticos

Ejercicio 1: Jugar a escuchar.

Este ejercicio está compuesto por tres partes que han de realizarse seguidas y de una vez.

Parte I.
Busca un espacio tranquilo donde puedas mantener una charla con tu hijo. Cuéntale brevemente qué has aprendido en este capítulo, para que vea que siempre estamos aprendiendo, que tú también lo estás haciendo con este libro. Explícale que vais a jugar a un juego juntos.

Pídele que te ayude a vendarte los ojos y dile que te hable durante un minuto de su mejor amigo. Tú te limitas a escuchar, sin interrupciones, controlando el tiempo con un cronómetro. Mantente en silencio, escuchando. Como mucho, si ves que se atasca y no sabe por dónde seguir, puedes hacerle alguna pregunta.

Al no poder ver, toda tu atención estará centrada en su tono de voz, en su energía al describirlo y, por supuesto, en sus palabras.

Una vez transcurrido ese minuto, responde a las siguientes preguntas:

¿Qué has visto que tu hijo valore más en una relación?

....

¿Qué emoción dirías que ha estado presente durante su explicación?

....

¿Qué has descubierto nuevo sobre él?

....

Parte II:

Durante otro minuto, sin venda esta vez, le vas a pedir que te hable sobre lo mejor que le ha pasado últimamente, que te cuente una experiencia que le haya llamado la atención, algo curioso…

Esta vez, además de poner atención en todo lo que la pusiste en el ejercicio anterior, tendrás que observar sus gestos, sus expresión, sus movimientos…

Una vez transcurrido ese minuto, responde a las siguientes preguntas:

¿Qué te parece que es lo que tu hijo valora más en la vida?

....

¿Qué cualidades destacarías en tu hijo?

....

¿De qué lo ves capaz?

....

Comparando esta segunda experiencia con la anterior con los ojos vendados, ¿en qué crees que te ha ayudado o limitado cuando estabas con los ojos vendados?

....

Parte III:

Uniendo ambas experiencias, intuye qué es lo que tu hijo necesita en este momento de su vida, y para darte cuenta de ello, responde a estas tres sencillas preguntas.

¿Qué necesita en su día a día?
....

¿Qué necesita de sus amigos?
....

¿Qué necesita de mí?
....

Ejercicio 2: ¿Realmente estoy escuchando con mis cinco sentidos?

1.- Valora del 1 al 10, siendo honesto contigo mismo, cuánto crees que escuchas a tu hijo.

2.- En lo referente a la escucha es importante saber qué haces bien. Seguro que haces bien muchas cosas, por eso es bueno que tomes conciencia de ellas. Escribe tres cosas que haces bien cuando hablas con tu hijo:

....
....
....
....
....
....

Por ejemplo:

- Busco momentos para los dos
- Pregunto cómo ha ido su día
- Desconecto el móvil

3.- ¿Qué te saca de la escucha focalizada y te lleva a caer en la autoescucha?

De entre estos ejemplos elige los cuatro que te resulten más familiares en lo que a tu comportamiento se refiere:

- Doy consejos u opiniones sobre lo que me está contando: «Creo que lo que tienes que hacer…».
- Me resulta aburrido; me parecen banalidades y acabo desconectando de lo que me cuenta.
- Me cuesta acallar mis propios pensamientos.
- Juzgo o critico: «Ves? Ya te lo dije…».
- Impido que exprese sus emociones: «Venga, no pasa nada, «no llores, no es para tanto…».
- Le interrumpo.
- Le contradigo: «Yo no lo veo así».
- El móvil nos interrumpe.
- Me convierto en el protagonista: «A mí también me pasó…».
- Nunca suele ser el momento adecuado, siempre voy con prisa o estoy ocupado.

4.- De todos los ejemplos anteriores has marcado las cuatro situaciones que te resultan más familiares, pero seguramente haya otras muchas. Marca en la lista anterior aquellas que te gustaría cambiar y proponte hacerlo desde ahora mismo.

Ejercicio 3: Ahora juegas tú a escucharme.

Una vez realizados los ejercicios anteriores, dile a tu hijo que es su turno para hacer el Ejercicio 1: él te va a escuchar mientras tú hablas.

Para ello has de comprobar que tu hijo comprende los diferentes niveles de escucha. Si aún es pequeño, solo menciónale el concepto escucho/no presto atención:

Escucho: estoy atento a lo que mamá o papá me dice.
No presto atención: estoy pensando en otra cosa.

Pídele que te escuche, sin interrumpirte, con los ojos vendados. Vas a hablarle sobre tu mejor amigo durante un minuto. Cuando termines hazle las siguientes preguntas:

¿Crees que doy valor a la amistad?
....
....
....

Cuando te hablaba de mi amigo: ¿cómo crees que me sentía?, ¿contento, triste, enfadado, tranquilo, ilusionado?
....
....
....

Tal y como hicisteis en el primer ejercicio, ahora es el turno de hablarle sobre algo que te haya ocurrido recientemente; esta vez no llevará los ojos vendados. Recuérdale que ha de fijarse no solo en lo que cuentas sino también en tus gestos, etc. Cuando termines hazle las siguientes preguntas:

¿Qué piensas que es para mí lo más importante en la vida?
....

¿Qué cosas buenas has visto en mí?
....

¿De qué crees que puedo ser capaz?
....

¿Cómo crees que me siento hoy?
....

Por último, pregúntale qué cree que puedes necesitar en estos momentos.
....

Acta de compromiso

Durante este capítulo has descubierto la importancia de una comunicación consciente con tu hijo. Esa consciencia te la dará, entre otras cosas, el hecho de estar más atento y disponible para él

Rellena esta hoja de compromiso contigo mismo, sobre una acción que vas a emprender desde mañana mismo para estar más atento y disponible. No olvides enunciarlo de forma que sea un objetivo SMART[11].

Yo, ... me comprometo conmigo mismo y con mi hijo a emprender las siguientes dos acciones para mejorar nuestra comunicación:

1.- ....

....

de lo cual mi hijo obtendrá el siguiente beneficio:

....

2.- ....

con lo cual mi hijo ganará:

....

Fecha y firma

Estrategias para conectar mejor con tu hijo

Recibimos información del mundo que nos rodea a través de nuestros cinco sentidos, siendo ellos los encargados de permitirnos interaccionar con los demás y con nuestro entorno.

Pero ¿mi hijo y yo percibimos la información del mismo modo?

El mundo que nos rodea es, en realidad, una interpretación que hacemos del entorno, y esa interpretación la elaboramos según nuestra personalidad y según la predominancia de uno de nuestros cinco sentidos sobre los demás.

Cuando te presentan a una persona, ¿cómo sueles reaccionar?, Hay quienes prefieren unas palabras de saludo, en ellos predomina el sentido del oído; quienes responden con una cordial sonrisa o un gesto de cortesía utilizan preferentemente el sentido de la vista para relacionarse; mientras que quienes de forma espontánea dan un beso o un abrazo son más kinestésicos, y para ellos son más importantes las sensaciones y las emociones.

Todos utilizamos estas tres formas de comunicación, que se conocen como Modalidades, y las ponemos en juego dependiendo de la situación, pero siempre una predomina sobre otra. Nuestros *hobbies*, gustos e intereses, y sin duda la forma en la que aprendemos o adquirimos conocimientos, están relacionados con estas modalidades, y estas, a su vez, influyen en nuestra personalidad.

Las tres modalidades principales son las siguientes:

- **Visual.** Las personas de tipo visual utilizan verbos «visuales» para expresarse. Dan importancia a las imágenes mentales y se expresan describiendo situaciones, imágenes o representaciones.

En ellos es fácilmente reconocible el uso de frases como «Ya veo lo que quieres decir, «Mira, verás…» o «¿Ves lo que ha pasado?»; expresiones inconscientes que nos informan de que nos encontramos frente a este tipo de personas.

Los niños visuales, y por supuesto los adultos, tienen un alto nivel de energía, son inquietos y observadores, captan detalles que a otros se les pasan por alto. Suelen tomar notas, recurren a dibujos o esquemas para memorizar o para explicarse y son aquellos que se identifican con la expresión: «Una imagen vale más que mil palabras».

Si se les nombra un color, por ejemplo «azul», imaginarán alguna realidad azul como puede ser el cielo, o pueden incluso visualizar la palabra deletreada en su mente.

Las personas visuales disfrutan de una conversación, pero prefieren que sea cara a cara en lugar de por teléfono.

Puede que escuchen música mientras conducen, pero son aquellos que, al notar que el tráfico se complica o cuando tienen que aparcar o hacer una maniobra, bajan el volumen o incluso quitan la radio, sobre todo si lo que escuchan es al locutor hablando. Este sería el ejemplo más gráfico de las personas que utilizan en mayor grado este sentido.

- **Auditiva.** Las personas auditivas se centran más en los sonidos, en el mundo sonoro en general. Utilizan expresiones como: «He oído que …», «¿Cómo te suena si…?» u «Oye, …».

Una persona auditiva suele expresar sus pensamientos en voz alta, prefiere que otros le expliquen las cosas a leerlas él mismo o estudia leyendo en alto o estableciendo asociaciones sonoras. Habitualmente presta atención a su voz interior y, a la hora de entablar una conversación, se muestra sensible a los tonos, al ritmo y al volumen de la voz de su interlocutor. Son esas personas a las que les resulta sencillo seguir otras conversaciones, aunque ellos estén hablando o haciendo otra cosa.

En general son personas calmadas, relajadas y con grandes dotes de comunicación; grandes oradores a los que les gusta conversar y que recuerdan con gran detalle cada una de las palabras que han escuchado.

- **Kinestésica.** Las personas kinestésicas utilizan las emociones y sensaciones que en ellos se despiertan para expresar su realidad.

Quienes tienen esta modalidad predominante, utilizan expresiones del tipo: «Siento que...» o «Me sentí...». Tienen un gusto especial por todo aquello que tenga que ver con las manualidades, con experimentar con el tacto, el gusto y el olfato. Son personas muy expresivas socialmente, de las que buscan la cercanía, los abrazos, el contacto físico.

Un niño kinestésico es sensible, espontáneo, extrovertido y apasionado. Le resulta sencillo confiar en quien le trata con sensibilidad. Por eso, si nos comunicamos con él a través de otra modalidad y no atendemos a sus señales, es fácil despertar en él sentimientos y emociones en nuestra contra.

Para llegar a una persona kinestésica debemos recurrir a comunicarnos haciendo referencia a sentimientos y emociones, prestando especial atención a las emociones que se esconden tras las palabras.

Cuando nos hacemos conscientes de las preferencias de nuestro interlocutor, es decir, de si la otra persona percibe el mundo principalmente con la vista o, lo hace con el oído, si para esa persona son importantes los sentimientos que se le despiertan o por el contrario percibe el mundo con una mezcla de todos ellos, lograremos una mayor comunicación, una mejor sintonía con quien tenemos enfrente.

La próxima vez que intentes entenderte con alguien en general, y con tu hijo en particular, y consideres que o no conectáis o que sin causa aparente comienza a molestarse contigo o sentirse incómodo o distante, es posible que simplemente se deba a que no te diriges a él en su modalidad correspondiente, es decir, en los términos en los que él entiende el mundo.

Llevado a la comunicación con nuestros hijos, su forma particular de percibir el mundo y relacionarse con él es una de las primeras manifestaciones de la personalidad del niño, por eso es muy valioso reconocer a tu hijo por su forma de percepción dominante. Disponer de esa información te permitirá que conectes con él utilizando las mismas palabras, en el mismo registro, en su mismo lenguaje, y por tanto, el entendimiento y la empatía entre vosotros aumentará.

Conocer más profundamente el funcionamiento de tu mente y de la de tu hijo puede transformar la relación que existe entre vosotros. Apoya a tu hijo desde su manera particular de percibir el mundo, sin esperar conductas propias de tu propio estilo de comunicación, de tu propia modalidad de interpretación del mundo.

Al descubrir la forma que tiene tu hijo de comunicarse y percibir el mundo podrás comprender conductas que te habían confundido o irritado en el pasado. La comunicación entre vosotros será mucho más fácil y contarás con nuevas herramientas para motivarlo a encontrar la mejor manera de satisfacer sus necesidades cotidianas y facilitar su aprendizaje.

También, y no menos importante, con esta información podrás ayudarle con los ejercicios de relajación que te propuse en el capítulo CUERPO, llamando su atención sobre su propio canal de comunicación (visual, auditivo, kinestésico). En un ejercicio de relajación a un niño que es visual no le aportará mucho imaginar que escucha el sonido del agua.

¿Comenzamos haciendo unos sencillos *tests*?

¿Cómo percibes el mundo que te rodea?

En las siguientes páginas encontrarás una serie de preguntas con múltiples respuestas de las cuales has de marcar aquella que se aproxime más a tu forma de reaccionar, a tus gustos e intereses.

Quizá en ninguna de las respuestas te veas totalmente reflejado, pero al menos elige la que más te representa.

¿Qué te resulta más placentero?
Escuchar música
Ver películas
Bailar

¿Qué tipo de programa de TV sueles ver?
Reportajes
Entretenimiento
Noticias

En una conversación:
Prefieres escuchar
Observas con detenimiento a la otra persona
Sueles abrazar, poner la mano sobre el brazo de tu interlocutor

¿Cuál de estos tres artículos te comprarías?
Un coche deportivo
Un buen equipo de música
Una TV de última generación

¿Cuál es tu plan ideal para un sábado por la tarde?
Quedarte en casa tranquilo
Asistir a un concierto
Ir al cine

¿Qué tipo de exámenes te resultan más sencillos?
Orales
Escritos
Test con opciones múltiples

Cuando buscas una dirección, ¿cómo lo haces?
Mirándolo en un mapa
Preguntando a alguien
Por intuición o deducción

¿Cómo prefieres emplear tu tiempo libre?
Leyendo
Caminando
Descansando

¿Qué te agrada más que te digan?
Que eres guapo o atractivo
Que eres una persona de trato agradable
Que tienes una conversación interesante

¿Cuál de estos entornos te atrae más?
Un clima agradable en buena compañía
Donde se escuchen pájaros, un río, el mar o la lluvia
Una puesta de sol

¿De qué manera te resulta más sencillo memorizar?
Repitiendo en voz alta
Escribiendo varias veces
Relacionándolo con una anécdota

Si te invitaran a un evento, ¿a cuál preferirías asistir?
A una reunión social
A una exposición de arte
A un concierto

¿Cómo te formas una opinión de tu interlocutor?
Por la sinceridad que percibes en su tono de voz
Por la forma en la que te ha estrechado la mano
Por su aspecto

Dirías de ti mismo que eres una persona:
Activa
Intelectual
Sociable

¿Qué películas te gustan más?
De suspense
De acción
Románticas

¿Cómo mantienes el contacto con tus amigos y familiares?
Por email o WhatsApp
Quedando con ellos para tomar un café juntos
A través de una llamada de teléfono

¿Con qué frase te identificas más?
Me gusta conducir
Me molesta el ruido y los ruidos cuando conduzco
Procuro que mi coche siempre esté impecable

¿Cómo prefieres pasar el tiempo con tu pareja?
Conversando
Acariciándonos
Contemplando una puesta de sol

Si no encuentras las llaves en tu bolso…
Sacas cosas para encontrarlas
Lo sacudes para oír el sonido
Metes la mano en tu bolso y buscas al tacto

Cuando tratas de recordar algo, ¿cómo lo haces?
Recordando la imagen de lo que ocurrió
Recordando cómo te sentías
Recordando la conversación

¿Cómo preferirías gastar tu dinero?
Comprando una casa
Viajando
Comprando discos y CD's

¿Con qué frase te identificas más?
Me resulta sencillo identificar a las personas por su voz
Me cuesta recordar las caras
Suelo confundir a la gente de nombre o me cuesta recordarlo

¿Qué te llevarías a una isla desierta?
Un buen libro
Un teléfono
Comida

¿Qué te resulta más agradable?
Tocar un instrumento musical
Hacer fotografías
Hacer bricolaje, bordar o tejer

Define tu forma de vestir:
Siempre impecable
Cómoda y versátil
Muy informal, me gusta ir cómodo

De una chimenea, ¿qué es lo que te resulta más reconfortante?
El olor de la leña
El sonido del fuego y el crepitar de las llamas
Contemplar las llamas

Te resulta más fácil recordar instrucciones cuando:
Te lo explican
Te lo muestran a través de medios audiovisuales
Cuando lo ejecutas

Dirías de ti mismo que eres una persona:
Intuitiva
Buen conversador
Observadora

Lo que más te gusta de un amanecer es:
La emoción de vivir un nuevo día
Los tonos y colores del cielo
El propio silencio del amanecer

Si pudieras volver a elegir serías:
Médico
Músico
Pintor o escritor

Lo más importante para ti a la hora de elegir tu ropa es que sea:
Adecuada a la ocasión
Bonita
Cómoda

Define tu habitación o tu despacho:
Silencioso y tranquilo
Cómodo y confortable
Está siempre limpio y ordenado

¿Qué resulta más erótico para ti?
Una iluminación tenue y suave
Un perfume
Una música sensual

A la hora de elegir un espectáculo, prefieres acudir a:
Un concierto
Un espectáculo de magia
Un evento gastronómico

Lo que más te atrae de una persona es:
Su trato y forma de ser
Su aspecto físico
Su conversación

¿En qué tipo de tiendas pasarías las horas muertas?
En una librería
En una tienda de bricolaje
En una tienda de discos

Tu noche romántica ideal sería:
A la luz de las velas
Con música romántica
Bailando abrazados

Lo que más disfrutas de viajar es:
Conocer gente y hacer nuevos amigos
Conocer lugares nuevos
Aprender sobre otras costumbres y culturas

El campo te resulta agradable por:
El aire limpio
Los paisajes
Su tranquilidad

Si te surgiera la oportunidad de cambiar de trabajo, ¿cuál de estos empleos elegirías?
Director de una emisora de radio
Director de un club deportivo
Director de una revista

Marca en la siguiente tabla la respuesta que has elegido y suma cuantas respuestas has seleccionado en cada columna.

El valor más alto de los tres representa tu modalidad, la forma que tienes de entender tu mundo. Te sugiero que ofrezcas a tu pareja la oportunidad de que realice este *test*. Desde vuestro conocimiento mutuo podrás mejorar vuestros niveles de comunicación y entendimiento.

Ahora que sabes cómo percibes tu entorno ha llegado el momento de entender cómo lo hace tu hijo, para descubrir vuestras diferencias, poder trabajarlas y conseguir que tu relación con él sea tan satisfactoria como quisieras.

	Respuestas padres					Respuestas padres			
	Visual	Auditivo	Kinestesico			Visual	Auditivo	Kinestesico	
1	B	A	C		21	B	C	A	
2	A	C	B		22	C	A	B	
3	B	A	C		23	A	B	C	
4	C	B	A		24	B	A	C	
5	C	B	A		25	A	B	C	
6	B	A	C		26	C	B	A	
7	A	B	C		27	B	A	C	
8	B	A	C		28	C	B	A	
9	A	C	B		29	B	C	A	
10	C	B	A		30	C	B	A	
11	B	A	C		31	B	A	C	
12	B	C	A		32	C	A	B	
13	C	A	B		33	A	C	B	
14	A	B	C		34	B	A	C	
15	B	A	C		35	B	C	A	
16	A	C	B		36	A	C	B	
17	C	B	A		37	A	B	C	
18	C	A	B		38	B	C	A	
19	A	B	C		39	B	C	A	
20	A	C	B		40	C	A	B	
									Total

¿Cómo entiende el mundo mi hijo?

El siguiente sencillo *test* es para que responda tu hijo sobre sí mismo. Si consideraras que podría necesitar ayuda para cumplimentarlo limítate a ayudarle, sin juzgar sus respuestas, aunque tú pienses que, a tu entender, debería ser otra.

Pide a tu hijo que marque una única respuesta, la que más se parezca a como él es y las cosas que a él le gustan.

¿Cómo te gusta mirar a la gente?
A los ojos, directamente, y me fijo mucho
Me cuesta mirarlos a los ojos
Cuando les miro a los ojos tuerzo un poquito la cabeza de lado

¿Cómo escribes?
Clarito y se lee bien
No se lee muy bien, porque escribo muy deprisa
Me cuesta mucho hacer unas letras bonitas y que se lean bien

¿Qué te es más fácil recordar?
Lo que alguien ha dicho, chistes, canciones, nombres, títulos de
películas
Lo que he visto o leído, las caras, cómo son las cosas y donde está todo
Las cosas que hago, los olores, los sabores, si las cosas son suaves o no

¿Cómo te comportas?
Me muevo mucho, necesito correr, saltar, trepar; me gusta prac-
ticar deportes.
Me gusta estar tranquilo
No me gusta intentar un deporte nuevo

¿Cómo hablas de lo que sientes?
No me gusta contar cómo se siento
No sé hacerlo
Puedo hablar de cómo me siento sin problema

¿Cuándo estás más atento?
Cuando miro algo
Cuando me explican las cosas o me cuentan historias
Cuando hago cosas o participo en actividades

¿Qué es lo que dicen tus padres que les enfada más de ti?

Que no puedo estarme quieto

Que soy demasiado presumido

Que hablo mucho e interrumpo sus conversaciones

Después de ver una película, lo que mejor recuerdo es:

Escenas y cómo son los personajes

Lo que han dicho los personajes o la música

Lo que pasó en la historia o cómo se sienten los personajes

Cuando conoces a alguien nuevo, ¿qué es lo que mejor recuerdas de él?

Las cosas que hicimos juntos y cómo me sentí con él

Su aspecto, su cara, cómo andaba o se movía

Su nombre y las cosas que dijo

¿Qué es lo que menos te gusta?

Que me riñan

Que se enfaden conmigo

Que toquen mis cosas y las cambien de sitio

Cuando escoges tu ropa lo más importante para ti es:

Que sea cómoda

Los colores

Que a los demás les guste

Lo que más te gusta hacer es:

Los juegos de construcción o fabricar algo

Escuchar música o cantar

Dibujar

¿Qué quieres ser cuando seas mayor?

Músico, cantante

Médico, maestro, actor, bombero, veterinario, bailarín

Pintor, explorador, fotógrafo

Marca en la siguiente tabla la respuesta que tu hijo ha elegido libremente y suma cuántas respuestas ha seleccionado en cada columna. El valor más alto de los tres representa su modalidad, la forma que tiene de entender su mundo.

	Respuestas niños			
	Visual	Auditivo	Kinestesico	
1	A	C	B	
2	A	B	C	
3	B	A	C	
4	B	C	A	
5	A	C	B	
6	A	B	C	
7	B	C	A	
8	A	B	C	
9	B	C	A	
10	C	A	B	
11	B	C	A	
12	C	B	A	
13	C	B	A	
14	C	A	B	
				Total

Primero descubriste tu modalidad, ahora ya conoces la suya, así que: ¡Es el momento de comenzar a hablarle en su propio idioma!

El niño visual

Si una vez realizado el *test* la valoración más alta aparece en la columna visual, significa que tu hijo percibe el mundo a través de imágenes, tanto externas como internas: absorbe el mundo a través de sus ojos.

Resulta rápido en sus movimientos y pareciera que está siempre activado. No le gustan mucho las caricias ni que le toquen y resulta reservado a la hora de expresar sus sentimientos. ¿Te resulta familiar?

Cuando hable será habitual que describa situaciones o se explique empleando palabras relacionadas con el sentido de la vista:

Brillo   Explorar   Panorama   Distinguir   Luz
Ilusión   Color   Reflejar   Admirar   Grande   Observar
Enfocar   Mirar   Horizonte   Apreciar   Pequeño   Esconder
Espiar   Ver   Contemplar   Orientar   Luminoso   Claro
Imaginar   Reconocer   Examinar   Parecer   Apariencia
Brillante   Oscuro   Claramente

Por eso, para hablar su mismo idioma y que se sienta conectado contigo, te invito a que utilices las mismas palabras con las que él acostumbra a comunicarse.

Cuando te dirijas a él, para llamar su atención, utiliza frases del tipo:

«¡Eres brillante!»   «Mira…»   «Fíjate, …»   «Parece que…»
«Necesito que enfoques tu atención en…»   «Veras…»
«¿Ves cómo…?»   «Ya veo lo que te pasa»   «Ya veo que…»
«Veamos, …»   «A ver qué…»   «¿No has visto que…?»

Un niño visual aprende con facilidad cuando se le enseña a través de imágenes o viendo cómo alguien realiza una tarea o manipula algo. Le encanta dibujar y es minucioso en los detalles. Su escritura es legible, cuidadosa, sin tachones ni borrones. Le encanta leer.

La mejor forma de apoyarlo y de conectar con él:

- Anímale a que lleve un diario o escriba cartas o cuentos en los cuales pueda expresar cómo se siente. Fomenta en él la escritura.

- Escríbele cartas, déjale notas sorpresas en su mochila, bajo la almohada: le encantará.

- Cuando converses con él, procura mirarlo a los ojos. Necesita tu contacto visual.

- Mantén su cuarto y su mesa de estudio limpia y ordenada, con buena luz.

- Respeta el orden en el que tiene sus cosas.
- Juega con él a formar imágenes mentales de aquello que lee, lo recordará mucho mejor.
- Permítele que elija su ropa con su propio criterio a la hora de combinar colores.
- Respeta cómo quiere llevar su pelo. Para él la imagen es importante y le da seguridad en sí mismo.
- Anímale a que use metáforas cuando te cuente cosas; le será más fácil explicarse.
- Procura que lea de forma habitual y, por supuesto, intentad hacerlo juntos, pero procura no leerle un cuento, sino que te lo lea él a ti.
- A la hora de estudiar un tema ayúdale a encontrar imágenes con las que pueda relacionar lo que está estudiando.
- Por supuesto, motívalo y reconoce siempre sus logros.

El niño auditivo

Si la mayor puntuación ha aparecido en la columna Auditivo, significa que tu hijo escucha el mundo exterior y también tiene muy presente su diálogo interno.

Se caracteriza por ser un niño algo serio, no demasiado expresivo, tranquilo. Es fantástico imitando voces e identificando tonos. Tiene un léxico amplio, un discurso elaborado y se expresa con facilidad. Eso sí, cuando se enfada tiende a elevar la voz. Algo curioso es que cuando está concentrado escuchando tiende a ladear ligeramente la cabeza, como si no quisiera que nada de lo que escucha quedara sin entrar en sus oídos.

Es un niño al que no le cuesta aprender cuando se le explican las cosas y disfruta de las lecciones orales. Recuerda con facilidad lo que ha leído, repitiéndolo en voz alta y memoriza mientras escucha.

Las palabras que acostumbra a utilizar en sus expresiones son:

Decir Armonía Sordo Escuchar Sonar Contar Opinar Describir Oír Tono Mencionar Expresar Susurrar Silencio Ruido Discutir Preguntar Callar Hablar Ritmo Eco Rumor Sonido Palabra Agudo

Cuando te comuniques con un niño auditivo, utiliza las mismas palabras con las que él acostumbra a comunicarse; así estarás hablando su mismo lenguaje y, por tanto, el entendimiento mutuo y la empatía aumentarán.

A la hora de dirigirte a él, para llamar su atención, utiliza frases del tipo:

«Oye…»   «Escúchame»   «Te había dicho que…»
«Cómo te suena si…»   «Escucha lo que te quiero decir»   «Dime»
«Te escucho»   «Soy todo oídos»   «¿Qué opinas tú de…?»
«Te lo dije»   «Ya decía yo»   «Digo yo que…»

Si tu hijo es auditivo puedes apoyarlo:

- Conversando mucho con él. Aprenderás muchas cosas y estrecharás mucho vuestro vínculo.
- Pídele su opinión e involúcrale de alguna forma en la toma de decisiones.
- Pregúntale sobre lo que piensa, siente y sobre lo que le interesa.
- Reserva tiempo para escucharlo: lo necesita como ninguno.
- Cuando tenga que memorizar algo ayúdale a poner ritmo y melodía o inventad una cantinela para recordarlo.
- Motívalo a escuchar música, a cantar, a imitar voces o reproducir sonidos.
- Cuando no entienda algo dale toda suerte de explicaciones, no temas ser reiterativo.
- Recuérdale que no debe interrumpir conversaciones, porque su tendencia será a hacerlo.
- Le será muy agradable y útil estudiar con música de fondo.

El niño kinestésico

Si tu hijo ha mostrado que es kinestésico, ¡enhorabuena! tienes un niño extrovertido, disfrutón, divertido, sonriente, abierto, que disfruta con el contacto humano. Le encanta relacionarse y entablar relaciones con sus semejantes. Es el alma de la fiesta.

Su forma de hablar es reposada, aunque es muy teatrero y gesticula mucho.

Es «todo corazón», no le gusta nada el conflicto. Es generoso, amoroso, espontaneo. Es un buen comunicador, sabe escuchar y tiene muy en cuenta los sentimientos de los demás.

Podríamos decir que su «punto flaco» es que se deja dominar por la emotividad y muestra una actitud apasionada y vehemente a la hora de defender sus ideas y valores, mostrando poca calma y paciencia. Reacciona mal ante los reproches y las críticas, que las toma como algo personal. Amigo de los berrinches y los «mosqueos».

Es un niño movido, inquieto, travieso, se divierte con facilidad y disfruta del juego. Disfruta de movimiento y del deporte, tiene mucha energía. Es lo que diríamos «un poco sobón» y en todo momento te lo vas a encontrar pegado a ti. Le encantará colarse en tu cama y, sobre todo, le gusta tocar y ser tocado, la proximidad física le resulta imprescindible.

Cuando habla será habitual que emplee palabras del tipo:

Sentir Triste Tocar Sensación Acariciar
Emoción Vibrar Pesado Corazón
Abrazar Percibir Tomar Inspirar
Dolor Cálido Duro Conmover Blando
Presentir Áspero Feliz Experimentar
Descubrir Frío Sabor Tener Pegar

Cuando te comuniques con un niño kinestésico y quieras llamar su atención, utiliza frases que se refieran a emociones, sentimientos, sensaciones, expresiones del tipo:

«Me encanta…» «Sé cómo te sientes»
«A mí me pasa lo mismo»
«¡Eres sensacional!» «Toma» «Ven» «Trae»

Su letra no es clara, como precipitada, y no le suele gustar mucho leer ni escribir.

Le resulta mucho más sencillo aprender cuando lo hace en movimiento, así como por medio de la experimentación. Tiene una gran intuición y memoriza a través de la repetición.

El niño kinestésico tiene necesidad de compartir lo que escucha para verificar que lo ha comprendido. Es muy habitual que haga preguntas en clase, eso le aporta seguridad.

Si tu hijo es kinestésico, la mejor forma de conectar con él es:

- Siendo muy afectuoso con él, sin escatimar en caricias, besos, abrazos.
- Dile lo mucho que le quieres y que para ti es lo más importante en tu vida. Todas las veces que se lo digas serán pocas.
- Cuando le quieras decir algo importante, tócalo, abrázalo o tómalo por los hombros, y mientras le hablas, mantén el contacto físico con él.
- Pese a su mundo interior muy emocional a veces no le resulta sencillo expresarse, para ello, para que se sienta cómodo expresando algo que le pueda preocupar, invítale a dar un paseo mientas te lo cuenta, salid a caminar juntos de la mano o realizad alguna actividad física juntos que os permita mantener una conversación: correr, montar en bici, remar, mientras él se desahoga.
- Divertíos juntos con juegos o deportes, compartiendo tiempo en la naturaleza. A él no le basta con tus aplausos cuando compite, prefiere compartir contigo esa actividad.
- Evita pedirle que se esté quieto, le pides un imposible. Por el contrario, permítele desahogarse de otro modo.
- Procura que juegue en el exterior o que practique un deporte antes de hacer los deberes.
- La lectura le será más fácil si va señalando con el dedo, aunque sea la página, el párrafo o deslizando el bolígrafo por el margen.
- Procúrale un entorno cómodo en su lugar de estudio y, sobre todo, que pueda moverse.
- Si tiene que memorizar algo que lo haga saltando, paseando, subiendo o bajando escaleras… eso le permitirá concentrarse.

- Enséñale que es bueno y saludable expresar sus sentimientos, expresando tú los tuyos.
- Se muy paciente y tolerante. Si te muestras excesivamente estricto se le despierta la inseguridad de no ser querido. Si la ocasión requiere ser estricto, hazlo siempre con una caricia o tocándole.
- Para él es muy importante tu sonrisa.
- Nunca olvides darle las gracias.
- Ayúdalo a manipular o experimentar con sus sentidos.
- Facilítale juegos de aprendizaje.

La rueda de la vida

Canción infantil

No sé si alguna vez te has fijado con detenimiento en las ruedas de una bicicleta. Una rueda grande te permitirá recorrer más distancia de una sola pedalada, una rueda con tacos te permitirá sortear obstáculos o meterte por caminos complicados y una rueda estrecha con poco dibujo te permitirá volar sobre el asfalto, pero… ¿qué ocurre cuando la rueda está falta de aire y medio aplastada? Que el camino se hace más duro y necesitarás mucho más esfuerzo para llegar a destino.

La vida es un viaje apasionante, es ir de un punto a otro. ¿Cómo son tu ruedas, esas que te ayudan a desplazarte por la vida?

Todo viaje comienza con una comprobación del vehículo, con especial atención a la presión de las ruedas. Vamos a cerrar el capítulo de MENTE con esta herramienta clásica de *coaching*. Nos permite ver de una forma clara y general cómo nos sentimos de satisfechos con nuestra vida. Es una herramienta muy simple y muy gráfica y por eso muy sencilla para usar con niños, incluso pequeños.

¿Te apetece guiar a tu hijo a descubrir cuánto de satisfecho
está con su propia vida?

Material que necesitáis:

- Dos hojas en blanco, una para dibujar la rueda y otra para escribir la declaración de intenciones.
- Lápices de colores.
- Bolígrafo o rotulador.
- Regla.

¿Cómo utilizar La Rueda de la Vida?

Paso 1: Copia este diagrama en una hoja en blanco, apaisada. Es muy importante que la distancia entre los puntitos a lo largo de cada uno de los radios de la rueda sea la misma, así que si fuera necesario utiliza una regla para medirlos y que queden todos iguales.

Paso 2: Tu hijo ha de valorar de 1 a 10 cómo se siente respecto a cada una de las áreas que estáis revisando: 1 significa que se ve poco reflejado o satisfecho y 10 muy reflejado.

No hay prisa; dale tiempo para que reflexione sobre ese tema. Deja que sea él quien lo valore; él, mejor que nadie, sabe cómo se siente.

Pídele que haga una marca en el punto correspondiente a esa puntuación y pasad al área siguiente.

Empezad por el concepto que está arriba del todo de la rueda (Relación con compañeros) e id bajando hacia la derecha por todos los distintos apartados hasta completar la rueda.

Si le resulta complicado asignar una puntuación, dile que si cree que se podría mejorar puntúe con un número bajo y si se siente satisfecho con cómo son las cosas en ese área concreto, que puntúe alto. Un 10 no significa «perfección» ya que solo está valorando su propio nivel de satisfacción.

Aquí tienes una serie de preguntas que te pueden ayudar a que tu hijo entienda en qué consiste cada una de las áreas que vamos a revisar en la rueda de la vida. Léele esas preguntas y, sobre todo, dale tiempo para que busque su respuesta más sincera.

Preguntas que te pueden ayudar a explicar a tu hijo a qué corresponde cada área:

Relación con mis compañeros
¿Tengo muchos amigos en clase?
¿Me gustan mis compañeros?
¿Me siento a gusto en mi clase?

Relación con mis profesores
¿Qué tal me llevo con mis profesores?
¿Me gustan?
¿Les caigo bien?

Participación en clase
Cuando el profesor pregunta, ¿yo levanto la mano?
Cuando piden voluntarios, ¿suelo ofrecerme?
¿Me apunto a las actividades y juegos que propone el profesor o mis compañeros?

Liderazgo
¿Tengo muchos amigos?
¿Mis compañeros escuchan mis opiniones?
¿Solemos jugar a juegos que yo elijo?
¿Participo en clase?

Capacidad de atención y concentración

Cuando el profesor está explicando algo, ¿estoy atento y fijándome en lo que cuenta?

¿Me pongo a dibujar o a leer y se me pasa el tiempo muy deprisa?

Cuando algo me interesa, ¿me fijo en los detalles?

Capacidad de organización

¿Mi habitación, mi escritorio o mis juguetes están ordenados?

Cuando me pongo a estudiar o a hacer los deberes, ¿sé por dónde empezar?

Emociones

¿Hablo de cómo me siento?

¿Se me nota cómo me siento, aunque no lo cuente?

¿Me fijo en cómo se sienten otras personas?

¿Me entristezco cuando alguien está triste o me alegro cuando alguien se alegra?

Capacidad para discrepar razonadamente

Entre amigos o compañeros, ¿soy capaz de dar mi opinión y explicar por qué pienso u opino así?

Si no estoy de acuerdo con algo que ha dicho un compañero, ¿lo digo?

Capacidad de pensar por ti mismo

¿Tengo mis propias ideas y me gusta contarlas?

¿Se me ocurren muchas ideas «chulas»?

Capacidad de superación ante dificultades

(en este caso, las respuestas afirmativas corresponden a puntuaciones bajas).

Cuando tengo un problema, ¿me pongo nervioso?, ¿puedo pensar?, ¿se me amontonan las ideas?, ¿me asusto o me pongo triste?

Fuerza de voluntad y constancia

Cuando tengo que hacer deberes, ¿me resulta fácil ponerme a hacerlos?

¿Acabo las tareas antes de ponerme a jugar?

Creatividad

¿Me gusta inventar historias?

¿Se me ocurren ideas divertidas?

¿Me gusta hacer dibujos?

¿Disfruto bailando o cantando o tocando música?

Ante todo, recuerda:

- Es tu hijo quien va a valorar cada uno de los aspectos de su vida; tú solo le acompañas en la actividad.
- Evita la tentación de dirigirle, de razonar la respuesta o de dar tu opinión. Respeta su criterio. Con este ejercicio estamos, precisamente, trabajando eso: el desarrollo de criterios.
- Aunque tú no estés de acuerdo en la respuesta que él haya dado, no lo cuestiones. Limítate a ayudarle con las preguntas, que sea él quien cuantifique su nivel de satisfacción en cada una de las áreas.

Paso 3: Una vez analizadas cada una de las áreas y marcada su puntuación, llega la hora de conectar todos los puntos. Uniéndolos aparecerá una especie de círculo, que seguramente no sea regular. Quizá puede parecerse más a una estrella… no importa.

¡Ha llegado la hora de colorearla!

No importa si el círculo es amplio o pequeño, o si se parece más a una estrella que a una rueda. No te preocupes, precisamente se trata de averiguar cuánto de REDONDO resulta a simple vista.

Paso 4: Ahora que tienes coloreada esa especie de rueda abollada, o esa estrella, llega el momento de celebrar cuáles son las áreas en las que se siente satisfecho (que son los puntos más altos). Felicítale por ello.

Déjale que te cuente qué hace para que así sea, qué decisiones toma, qué acciones emprende, y transmítele lo orgulloso que te sientes por lo bien que lo está haciendo en ese o esas áreas.

Paso 5: Seguidamente, juntos vais a identificar en qué puntos su rueda ha perdido aire, y cuál es el área con una valoración más baja, es decir, el aspecto que, si mejorara, le haría sentirse más feliz.

Al revisar cada área puede resultar muy tentador para ti debatir sobre sus respuestas, pero de lo que se trata es de que tu hijo se dé cuenta por sí mismo de la situación y descubra qué puede hacer para mejorarla.

Elegid el área que haya tenido la puntuación más baja, es decir, aquel radio que deforme más la estrella o el círculo y permítele que sea él quien se plantee un objetivo. Como guion a la hora de ayudarle a elegir sus objetivos, aquí tienes unos ejemplos que te pueden servir de orientación:

Relación con mis compañeros
Voy a jugar con alguien nuevo.
Voy a ayudar a un compañero con sus deberes.
Voy a regalar un dibujo a un compañero.
Voy a dejarle una nota bonita a alguien.
Voy a ser simpático y cariñoso.

Relación con mis profesores.
Voy a sonreír a mi profe.
Voy a ayudar en clase.
Voy a regalar un dibujo o escribir una nota a mi profe.
Voy a ser simpático y cariñoso.
Voy a desear un buen día a mi profesor.

Participación en clase
Voy a levantar la mano cuando pregunte el profesor sin que me de vergüenza.
Voy a ofrecerme voluntario.

Liderazgo

Voy a invitar a jugar a niños nuevos.

Voy a llevar mi pelota para que todos juguemos.

Voy a elegir a qué jugamos.

Capacidad de atención y concentración

Voy a escuchar atento en clase.

Voy a no hablar con mi compañero cuando el profe está explicando o nos pide que trabajemos.

Capacidad de organización

Voy a mantener mis cuadernos organizados.

Voy a recoger los juguetes.

Voy a llevar la ropa sucia a la lavadora.

Emociones

Voy a contar cómo me siento cuando algo me enfada o me pone triste o me da miedo.

Voy a preguntar a mamá o a mi hermano cómo se siente.

Voy a fijarme en si la profe está contenta o enfadada.

Capacidad para discrepar razonadamente

Si tengo una idea la voy a contar.

Si no estoy de acuerdo con algo que ha dicho un compañero, lo voy a decir.

Capacidad de pensar por ti mismo

Voy a contar una historia o inventar un cuento.

Voy a proponer juegos o actividades en clase.

Superación ante dificultades

Si algo no sale como yo quisiera voy a decir cómo me siento.

Fuerza de voluntad y constancia

Cuando sea la hora de hacer deberes no voy a protestar.

Voy a acabar los deberes antes de jugar.

Creatividad

Voy a buscar un cuaderno especial para escribir historias.
Voy a hacer un dibujo cada día para pegarlo en el frigorífico.
Voy a inventar un baile de una canción que me guste.

Paso 6.- Ayuda a tu hijo a que sea él quien plantee tres acciones que va a hacer para alcanzar ese objetivo en concreto y que indique CUÁNDO lo va a hacer. Haz una lista con esas tres acciones por detrás en la hoja del dibujo.

Paso 7.- Toma la otra hoja en blanco y en ella, preferiblemente de su puño y letra, tu hijo escribirá su «declaración de intenciones». En la página 158 vas a encontrar una hoja de trabajo que podéis utilizar como modelo, así os resultará más fácil para empezar el primer día.

Paso 8.- Poned ese documento con su firma en un sitio que sea visible para él, para que al verlo le recuerde el compromiso que consigo mismo ha adquirido.

Puedes trabajar con una, cuando se hayan afianzado las acciones que tu hijo haya elegido tomar.

Volver a trabajar pasado el tiempo sobre una nueva Rueda de la Vida transcurridas unas semanas le ayudará a ver cómo ha cambiado su percepción del área que estaba mejorando y le ayudará a ver cuál sería el siguiente aspecto a abordar.

Aquí puedes ver tres ejemplos de rueda de la vida de niños de tres edades distintas, para que te hagas idea de los resultados.

Leire, de siete años, tendría que trabajar sobre su atención o su creatividad, que son los dos aspectos que «chafan» su rueda. Su madre ha de ayudarle a decidir qué área y qué acciones puede tomar para conseguirlo.

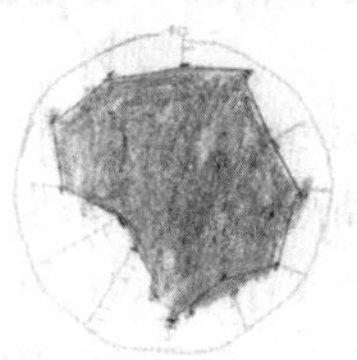

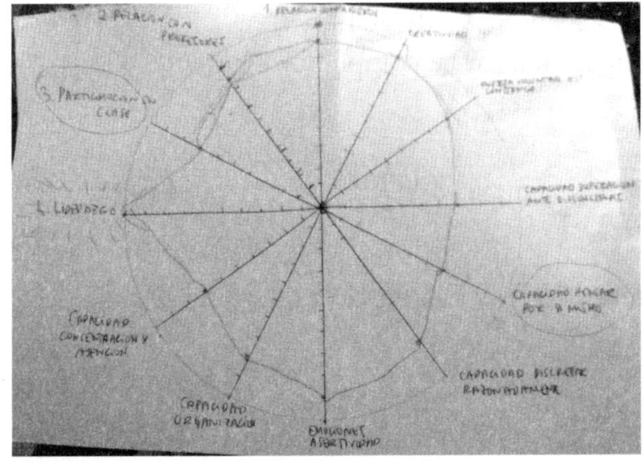

Natalia tiene diez años y muy claro que la atención también es un tema que ha de desarrollar. Ha plasmado su declaración de intenciones.

Lo único que le habría faltado hacer es buscar una meta más concreta y realista: definir qué días, en qué asignaturas, a qué hora. De no hacerlo así será tan genérico que resultará inalcanzable.

En el caso de Jaime, de nueve años, como él mismo ha señalado en su rueda, las áreas de mejora a su entender serían la capacidad de pensar por sí mismo y su participación en clase.

Si observamos la forma, con su liderazgo tan acentuado, con mejorar un poquito más su participación en clase y la concentración y atención, su rueda ya rodaría casi perfecta.

Hoja de trabajo: Mi plan de acción

Puedes utilizar este modelo que te proponemos para orientarte sobre cómo ayudar a tu hijo a diseñar su propio plan de acción que le permita mejorar ese área que «chafa» su rueda.

Los niños son muy creativos y seguro que a él se le ocurre una forma mucho más chula y personal de plasmar su «declaración de intenciones».

Esto es solo un ejemplo; deja que tu hijo lo redacte como quiera que le resulte más suyo, pero sobre todo, pon atención en que no falten los siguientes elementos:

Qué voy a hacer
Cómo lo voy a hacer
Cuándo/y hasta cuándo

Hoy, día ...... de ...... de 2019, yo, ... he decidido que voy a cumplir el siguiente plan para mejorar .... :

Cuando.............. / a la hora de.......... / a las............ / .... veces voy a ....

... y todo esto lo voy a hacer cada día hasta el día ......

Firmado

Por ejemplo:

Hoy, día 12 de enero de 2019, yo, Isabel Cano López, he decidido que voy a cumplir el siguiente plan para mejorar mi organización:

1.- Cuando me vaya a sentar a hacer los deberes voy a poner delante en la mesa todos los lápices y cuadernos que crea que voy a usar.

2.- A la hora de irme a la cama voy a dejar preparada la ropa de mañana y voy a dejar la mochila con todo dentro y lista para ir al cole.

3.- A las siete de la tarde, que es la hora de ducharme, antes de ir al baño, voy a recoger los juguetes que están sobre la alfombra.

… y todo esto lo voy a hacer cada día desde hoy hasta el día 19.

Firmado,
Isa

EMOCIONES

¿Qué es esto que siento?

¿Qué fue antes, el huevo o la gallina?
…o llevados a este terreno:
¿Qué aparecen antes, las emociones o las decisiones?
¿Tomé una decisión y eso me hizo sentir de
determinada forma?
…o, por el contrario:
¿Sentí y por eso decidí?

Las decisiones que tomamos en nuestra vida vienen condicionadas por las emociones que sentimos, emociones generadas por experiencias y situaciones vividas.

Si soy capaz de gestionar mis emociones, sin duda, tomaré mejores decisiones.

A lo largo de este bloque voy a acompañarte en la aventura de descubrir con tu hijo que los sentimientos, es decir, las emociones tienen tantas tonalidades como las tienen los colores, que combinándolas nacen emociones distintas y que, como ocurre con los colores, podemos cambiarlos o suavizarlos, incluso borrarlos.

¿Qué son las emociones?

Un niño nace a la vida y comienza a aprender, a absorber como una esponja todo lo que ve a su alrededor.

Los padres ponemos todo nuestro esfuerzo en que aprenda muchas cosas: los números, las letras, los colores, música, idiomas, informática… todos conocimientos necesarios, pero solemos olvidarnos de enseñarles a conocerse a sí mismos, a quererse y respetarse, a relacionarse con otras personas, a afrontar lo que la vida les ponga delante y a gestionar sus emociones.

Las emociones son reacciones naturales de nuestro organismo ante los estímulos internos o externos que percibimos.

Nos dan información sobre lo que estamos viviendo y nos hacen reaccionar ante ello.

Las emociones son universales, propias del ser humano, y sirven, entre otras cosas, para facilitar nuestra interacción con los demás.

Solemos hablar de emociones positivas y negativas, como intentando demonizar alguna. Todas pueden resultar en un momento concreto positivas y negativas, dependiendo de si en este momento, si en esta circunstancia, limitan mi capacidad o si fomentan mi bienestar. Así, el miedo podríamos pensar que es malo, pero gracias a él no nos atropella un coche cuando miramos antes de cruzar una calle.

Todas las emociones son válidas y necesarias. No podemos evitar sentir emociones, pero sí podemos aprender a gestionarlas, ya que tienen una gran influencia en nuestra conducta y nuestro pensamiento. Y sobre eso es sobre lo que trata la tercera parte de este libro.

El hecho de ser conscientes de nuestras emociones, es decir, nuestra conciencia emocional, nos ayuda a descubrir qué necesito o quiero y qué no, nos permite evitar o resolver mejor los conflictos y, en resumen, nos ayuda a relacionarnos mejor.

Como con todo requiere práctica, pero merece la pena el esfuerzo: la conciencia emocional es el primer paso hacia la construcción de la inteligencia emocional, una habilidad que puede ayudarte a ti, y por supuesto a tu hijo, a ser más feliz.

Y, entonces, la Inteligencia Emocional: ¿qué es?

La inteligencia emocional es un conjunto de habilidades que nos permiten comprender, utilizar y gestionar nuestras emociones. La Inteligencia Emocional nos ayuda a construir relaciones sólidas, tomar buenas decisiones y hacer frente a situaciones difíciles.

La inteligencia emocional es una combinación de varias habilidades:

- Ser consciente de las emociones.
  Sentimos muchas emociones diferentes a lo largo del día. Algunas, como la sorpresa, duran tan solo unos segundos; otras pueden durar tanto que lleguen a provocar un estado de ánimo, como la felicidad o la tristeza. El primer paso para desarrollar una buena inteligencia emocional consiste en ser capaz de darme cuenta de que estoy sintiendo una emoción e identificar de cuál se trata. Iremos viéndolo con detenimiento, pero como adelanto te diré que las emociones básicas son:
  - La Alegría. Un sentimiento placentero ante una persona, deseo o circunstancia. La alegría nos impulsa a la acción.
  - La Tristeza. Un sentimiento de pena asociado a una pérdida real o imaginada. La tristeza nos permite la reflexión para posteriormente ayudarnos a pedir ayuda.
  - El Miedo. Una sensación de inseguridad por la anticipación de un peligro, real o imaginario. El miedo nos ayuda a la supervivencia ya que nos hace actuar con precaución.
  - La Rabia. Aparece cuando las cosas no salen como queremos. La rabia nos impulsa a hacer algo para resolver un problema.
  - El Asco. Desagrado respecto a algo o alguien. El asco nos hace alejarnos con rechazo.
  - La Sorpresa. Asombro, desconcierto. La sorpresa nos hace buscar respuestas ante lo desconocido y nos ayuda a comprender algo nuevo. Favorece la exploración, el interés, la atención y la curiosidad.

- Entender lo que sienten los demás y por qué.
  Ser capaz de imaginar qué emociones es probable que esté sintiendo una persona es, como hemos visto en su capítulo correspondiente, la empatía. La empatía nos ayuda a preocuparnos por los demás y a construir buenas amistades y relaciones. Nos guía sobre qué decir y cómo relacionarnos con los demás.
- Gestionar mis reacciones emocionales.
  Todos nos enfadamos, todos sufrimos decepciones, pero lo importante es saber *cuándo*, *dónde* y *cómo* lo expresamos.

- Elegir mi estado de ánimo.
  Podemos identificar qué estado de ánimo es el más adecuado para una situación y entonces desarrollar la capacidad de generarlo. Elegir el estado de ánimo correcto puede ayudarme a motivarme, a concentrarme en una tarea, o a volver a intentarlo en lugar de darme por vencido.

La inteligencia emocional se desarrolla a medida que crecemos; unas habilidades aparecen antes y otras dependen de la etapa de desarrollo en la que nos encontremos.

El mundo emocional de los niños, por edades

Alrededor de los seis años tu hijo comienza a darse cuenta de que aquello que siente y expresa con sus gestos y su tono de voz está cargado de información que pueden leer los demás. Hasta ese momento le parecía mágico el hecho de que fueras capaz de saber siempre cómo se sentía.

A partir de los siete años comienza a comprender que lo que siente no es algo que dura siempre con la misma intensidad. Antes de esa edad creía que lo que sentía, sus emociones, eran intensas y permanentes; por eso lloraba desconsoladamente cuando te ibas o cuando les reñías con firmeza. No entendía que, aunque estabas muy enfadado, se te pasaría.

Rondando los ochos años descubre que es posible sentir diferentes emociones, incluso contradictorias, ante una misma situación.

Entre los ocho y los doce años tu hijo empieza a compararse con otras personas y descubre que ante ciertos contextos ha de responder, es decir, expresar, determinadas emociones. Cada cultura tiene sus propias normas implícitas y arraigadas sobre cómo se deberían expresar las emociones y tu hijo, a esa edad, se hace consciente de ello.

De esa edad en adelante, modelando con tu ejemplo y ayudándole a poner en práctica las herramientas que te ofrezco en este libro, en gran parte depende de ti cómo tu hijo gestione sus emociones.

Emociones y sentimientos: ¿en qué se diferencian?

¿Qué mecanismos provocan que, en cuestión de segundos, transitemos entre la más absoluta felicidad y la rabia más irracional? ¿Qué determina que nos comportemos de una manera u otra? Simple y llanamente: <u>Las Emociones</u>.

Afortunadamente, la sociedad evoluciona y hoy en día están surgiendo infinidad de movimientos que abogan por incluir la inteligencia emocional en el aula o en la empresa; comunicadores que nos hablan de marketing emocional; y el concepto de emoción aparece tanto en el cine como en los medios de comunicación. En resumen, cada vez somos más quienes estamos convencidos de la importancia de educar en emociones.

Pero ¿qué es una emoción?, ¿cuáles son y cuantas hay?, ¿en qué se diferencian emoción y sentimiento?

Soy una enamorada de la Inteligencia Emocional y de la gestión de las emociones y estoy convencida de que el cambio hacia un mundo mejor reside en la importancia de conocer qué es lo que sentimos y cómo podemos gestionarlo.

¿Qué es una Emoción?

Es una reacción, más o menos espontánea e inconsciente, de corta duración y gran intensidad, ante un estímulo interno (es decir, un recuerdo o la propia imaginación) o un estímulo externo. Un emoción se manifiesta a través de expresiones no verbales y produce cambios tanto en nuestro cuerpo como en nuestra mente. La emociones están orientadas a la acción y determinan nuestro estado de ánimo.

Las emociones dependen de cómo cada uno de nosotros percibe la realidad que nos rodea; dependen de nuestras creencias y experiencias. ¿O viceversa? En cualquier caso, lo que sí está claro es que podemos aprender a gestionarlas y a transformarlas.

La curiosidad que despierta lo intrincado de las emociones no es algo nuevo. Ya Darwin[12], en su día, comprobó que las expresiones corporales faciales que aparecen cuando se producen las distintas emociones, suelen ser las mismas en todas las personas, independientemente de su entorno cultural.

Posteriormente, en los años 60, Paul Ekman[13] realizó una investigación sobre las expresiones y los gestos asociados a cada una de las emociones y demostró que las expresiones faciales de las emociones básicas son universales, innatas y producto de la evolución, tal y como adelantó Darwin.

En 1972, Ekman elaboró la lista de las seis emociones básicas: alegría, tristeza, rabia, sorpresa, asco y miedo. Se consideran emociones básicas porque están presentes en todas las culturas y a lo largo de la historia. De entre ellas, tres se manifiestan en nosotros ya durante los primeros meses de vida: el miedo, la rabia y la alegría.

Recientemente, científicos de la Universidad de Glasgow, basándose en las micro-expresiones faciales correspondientes a cada emoción, han desarrollado la teoría según la cual las emociones básicas son simplemente cuatro, argumentado que el miedo y la sorpresa, por un lado, y la ira y el asco por otro, comparten

---

[12] Charles Robert Darwin(1809-1882) fue un naturalista inglés, padre de la Teoría de la Evolución Biológica a través de la selección natural.

[13] Paul Ekman (1934-), psicólogo pionero en el estudio de las emociones y su expresión facial. Ha sido considerado uno de los cien psicólogos más destacados del siglo XX y es Catedrático de Psicología en la Universidad de San Francisco (EE. UU.).

expresión facial en las primeras etapas de la manifestación de la emoción[14].

Unos dicen que seis, otros que cuatro, entonces, ¿cuántas emociones existen?

Del esfuerzo conjunto de Eduard Punset y Rafael Bisquerra, profesor de la Universitat de Barcelona, nació recientemente el proyecto Universo de Emociones, con el fin de ofrecer al público una representación gráfica de hasta 307 emociones humanas y sus diferentes interconexiones. 307 emociones, de las cuales los autores considerarían negativas 202 y 105 positivas, si bien esta denominación (positivo/negativo) no hace referencia a bueno o malo,

---

[14] El equipo del Instituto de Neurociencia y Psicología de la Universidad de Glasgow (Escocia, Reino Unido) ha presentado una nueva investigación en ese campo que le ha llevado a afirmar que son solo cuatro las emociones básicas, puesto que las otras dos son variaciones de las principales.

Este equipo de científicos ha demostrado muy recientemente que las emociones básicas: tristeza, alegría, miedo, sorpresa, ira y angustia, en realidad no son seis, sino cuatro. El resultado de sus investigaciones desprende que el miedo y la sorpresa, por un lado, y la ira y la angustia por otro, comparten movimientos faciales cuando comienzan a manifestarse: en el miedo y en la sorpresa el individuo abre mucho los ojos, mientras que en la ira y la angustia encoge la nariz; por lo tanto, al compartir movimientos faciales, se considera que pertenecen a la misma categoría.

Los investigadores plantean que, si bien las señales de expresión faciales de felicidad y tristeza son claramente distintas durante todo el tiempo en el que se expresan, el miedo y la sorpresa comparten una señal común(los ojos abiertos) cuando comienzan a manifestarse. Del mismo modo, la expresión de ira y de disgusto comienza con un movimiento que arruga la nariz, lo que se considera una señal muy básica de peligro, de ahí podría venir la expresión: »olfatear el peligro».

El estudio se realizó mediante un programa de ordenador que recurre a cámaras que capturan una imagen tridimensional de los rostros de un grupo de personas especialmente entrenadas para activar de forma individual e independiente los 42 músculos faciales. Basándose en esas grabaciones, el ordenador puede generar en un modelo expresiones faciales específicas o aleatorias para imitar todas las expresiones emocionales.

Una vez diseñado el modelo, pidieron a un grupo de voluntarios que lo observaran mientras este mostraba varias expresiones, y que dijeran qué emoción se estaba expresando en cada caso. A través de este método descubrieron que las señales de miedo/sorpresa e ira/disgusto se confundían al iniciarse la expresión y solo se volvían más claras después, cuando se activaban otros músculos que intervendrían en la expresión final de la emoción.

sino a una cuestión de polaridad. Efectivamente el concepto emociones positivas/emociones negativas podríamos decir que no existe. Las distintas emociones nos alejan o nos acercan a la felicidad, nos facilitan o dificultan la vida, y eso es lo que las convierte en positivas o negativas.

Estos autores también plantean el concepto de emociones sociales como aquellas que surgen como consecuencia del aprendizaje en sociedad, como pueden ser la vergüenza, la culpa, la envidia, el orgullo, el rencor o el desprecio, entre otras.

Entonces… ¿qué es un Sentimiento?

Los sentimientos aparecen como consecuencia de la toma de conciencia de cómo nos estamos sintiendo y las sensaciones que estamos experimentando. Los sentimientos surgen de forma lenta y progresiva y suelen ser de larga duración. Pueden no manifestarse externamente, aunque promueven conductas.

Antonio Damasio[15], neurólogo e investigador especializado en la mente, el lenguaje y las emociones, nos ofrece una explicación muy gráfica sobre las diferencias entre estos dos conceptos:

«Cuando experimentas una emoción, por ejemplo, la emoción de miedo, hay un estímulo que tiene la capacidad de desencadenar una reacción automática. Esta reacción empieza en el cerebro, pero luego pasa a reflejarse en el cuerpo. Una vez la sentimos en nuestro cuerpo, tenemos la posibilidad de unir esa reacción con otras reacciones y con el objeto que ha causado la reacción. Cuando percibimos todo eso es cuando tenemos un sentimiento.

Así, al oír que alguien ha gritado nos inquietamos, nuestra frecuencia cardíaca y nuestro cuerpo cambian, y casi de forma instantánea, pensamos que existe un peligro ante el que actuar: podemos quedarnos quietos y prestar mucha atención, o bien salir corriendo.

---

[15] Antonio Damasio (1944), neurólogo y Catedrático de Psicología, Neurociencia y Neurología en la Universidad del Sur de California, donde dirige el Instituto para el Estudio Neurológico de la Emoción y de la Creatividad.

Todo este conjunto —el estímulo que lo ha generado, la reacción en el cuerpo y las ideas que acompañan esa reacción— es lo que constituye el sentimiento. Sentir es percibir todo».

En resumen: ¿cuáles son las cinco diferencias principales entre emoción y sentimiento?

- La emoción es una reacción psico-fisiológica ante un estímulo.
  - Los sentimientos son la toma de conciencia de las emociones, y no dependen directamente de un estímulo.
- Las emociones se producen en el sistema límbico, nuestro cerebro emocional.
  - El sentimiento tiene su origen en el cerebro racional.
- Las emociones se manifiestan externamente y por tanto son observables.
  - Los sentimientos pueden no ser manifestados.
- Las emociones suelen ser espontáneas.
  - Los sentimientos surgen lenta y paulatinamente, ya que requieren de una toma de conciencia de una sensación.
- Los sentimientos son más duraderos que las emociones.
  - Las emociones son mucho más intensas que los sentimientos.

Darse cuenta de cuáles son nuestros sentimientos, identificar los de nuestros hijos y aprender herramientas para gestionar las emociones nos aportará a todos serenidad y seguridad. No se trata de aprender a controlar las emociones, idea en la que hago especial hincapié a lo largo de este libro. Controlar algo le da la capacidad de descontrolarse, por eso lo que hemos es de aprender a expresar las emociones de una forma sana tanto para nosotros mismos como para quienes nos rodean.

La importancia de la comunicación emocional

La vida de Rodrigo, de nueve años está atravesando por momentos complicados, sus padres se han divorciado y tienen la custodia de Rodrigo compartida. Pasa cada semana en casa de uno de sus padres, que viven bastante cerca uno del otro. Aparentemente todo va bien para Rodrigo, nada hace pensar que este arreglo lo lleve mal, si bien es cierto que nadie se ha preocupado de hablar con él y preguntarle cómo se siente con tanto trajín de una casa a otra.

Unos seis meses después de estar yendo y viniendo, cambiando de casa cada semana, decisión que se tomó pensando en su bienestar, Rodrigo empezó a quejarse de dolor de tripa. Raro era el día que no tenían que llamar a sus padres desde el colegio. Allí también empezaba a relacionarse menos con sus amigos y en clase se mostraba serio y aislado. Todo el mundo lo achacaba a que no se encontraba bien de salud.

Comenzó a comportarse mal en clase y a ser desagradable con sus compañeros, hasta el punto de que el psicólogo del colegio le llamó a su despacho.

—¿Cómo te sientes cambiando cada semana de casa? —preguntó el psicólogo.

—No sé —respondió Rodrigo.

—Bueno, cuando te toca con papá, ¿estás contento de estar con él?

—No sé —volvió a responder Rodrigo, con bastante desgana.

—¿Y con tu madre? ¿Estás contento de vivir con ella durante la semana que le toca?

—No sé —volvió a responder Rodrigo.

Por su forma de responder se podía comprender que, de verdad, no sabía cómo se sentía, pero la realidad es que su salud se había resentido y su comportamiento hacia ver que era un niño atormentado.

Tal y como hemos visto en el testimonio de Rodrigo, no saber qué le ocurre impide que lo comunique a sus padres y que sepa gestionarlo, provocándole mucho sufrimiento. Que un niño sea capaz de traducir sus emociones en palabras es indispensable para cubrir sus necesidades más básicas.

Si Rodrigo supiera decir cómo se siente, sabrían qué le pasa y podrían poner remedio a una medida que se hizo pensando que era lo mejor para él.

Enseñar a nuestros hijos a observar, a identificar y a contar cómo se sienten, les ayudará a desarrollarse como personas, les convertirá en adultos resilientes[16] y les evitará crecer vulnerables a los conflictos de los demás.

Además, a un niño al que le cuesta entender cómo se siente, le será imposible comprender a los demás. Tener «habilidad emocional» le aportará beneficios físicos y emocionales y le permitirá construir relaciones familiares y personales sólidas.

Es más fácil criar niños fuertes que reparar adultos rotos.

¿Qué podemos hacer los padres?

La forma en que nosotros respondamos a las situaciones emocionales va a influir muchísimo en la forma en la que nuestro hijo gestione sus propias emociones. Hemos de ser capaces de guiar sus pasos con paciencia y mucha calma, respetando sus ritmos y sus sueños.

Como padres podemos estimular en ellos la adquisición de habilidades eficaces para manejar las emociones de las siguientes maneras:

- Ayudándolos a desarrollar la empatía, tal y como hemos visto en el capítulo correspondiente.
- Enseñándoles que se puede admitir cualquier sentimiento, pero no cualquier comportamiento.
- Mostrándoles que cada situación que los lleve a afrontar sus emociones se convertirá en una oportunidad de aprendizaje.
- Ayudándolos a desarrollar técnicas de gestión de sus emociones y hábitos de control efectivo del estrés.

Por tanto:

- No eches en saco roto ninguna conducta ni cualquier cosa que diga tu hijo. Escúchale sin juzgarle ni compararle.
- Propicia que tu hijo se sienta seguro y libre para hablar contigo, para interaccionar con otros, para atreverse a descubrir el mundo, para crear, para creer y para confiar.

---

[16] Resiliencia: capacidad de reponerse ante las adversidades.

- Permítele equivocarse. No dudes en hacerle ver tu punto de vista, pero deja que sea él quien resuelva sus problemas.

A los niños les resulta muy complicado reconocer qué emoción están sintiendo, por qué la experimentan, cómo se llama, por qué está ahí y cuál es su objetivo. A lo largo de las siguientes páginas encontrarás las herramientas necesarias, pasando a ser responsabilidad tuya enseñarle a descubrir todo esto y a guiarle para que sepa expresar sus emociones.

Hablemos de emociones

Un niño que crece en un entorno en el que se reprimen los sentimientos y apenas se habla de ellos se convertirá en un analfabeto emocional.

Por el contrario, si desde su infancia habla el lenguaje de las emociones, se convertirá en un adulto social y emocionalmente competente.

Hablar de emociones requiere conocer los nombres con los que denominamos a las sensaciones y las expresiones emocionales. Llamar a cada cosa por su nombre es la llave al mundo de las emociones.

Nuestra conciencia sobre nuestras emociones crece a medida que desarrollamos un vocabulario rico en expresiones: cuanto mejor se puede expresar lo que se siente, más fácil es recordar aquello que se ha sentido.

Por eso, empezaremos por el principio, por ponerles nombre. El idioma castellano es muy rico en términos y cada uno, pese a parecer sinónimos, aporta distintos matices.

En la siguiente página encontrarás una relación con distintos estados emocionales, que te puede servir de referencia para ponerle nombre a lo que te pasa tanto a ti como a tu hijo.

Explora las diferencias entre un término y otro, y compártelas con tu hijo. Algún día, no muy tarde, te lo agradecerá.

Así es posible que me sienta cuando no estoy tranquilo:

Abandonado	atareado	deprimido	dolido	implacable
abatido	atascado	derrotado	dudoso	impotente
abotagado	aturdido	desafiante	duro	impulsivo
abrumado	aterrado	desalentado		incapaz
absorto	aterrorizado	desatendido	Enardecido	inconsolable
abúlico	atormentado	desazonado	enervado	incomprendido
aburrido	atrapado	descentrado	encabezonado	indeciso
acongojado	atropellado	desconfiado	encoñado	indiferente
acobardado	ausente	desconsolado	enfadado	indignado
acusado	avergonzado	desconcertado	enfurecido	indigno
acalorado		descontento	engañado	indomable
adormecido	Cansado	descorazonado	engreído	inepto
adormilado	caustico	desdeñoso	enojado	infeliz
afectado	celoso	desdichado	escandalizado	inquieto
afligido	cerrado	desencantado	estancado	insaciable
afrentado	circunspecto	desenfrenado	envidioso	insatisfecho
agotado	cobarde	desequilibrado	escéptico	inseguro
agitado	cohibido	desganado		intolerante
agresivo	colérico	desgraciado	Falso	iracundo
agobiado	compulsivo	desesperado	fastidiado	irascible
aislado	consternado	desilusionado	fatigado	irritado
aletargado	confuso	desmoralizado	frio	inútil
alarmado	conmocionado	desolado	frustrado	invisible
amenazado	contrariado	desperdiciado	furioso	
angustiado	critico	despreciable		Lastimado
anonadado	culpable	despiadado	Hastiado	limitado
ansioso		destructivo	herido	lloroso
apagado	Débil	destrozado	histérico	loco
apático	decepcionado	desvalido	horrorizado	
apenado	decaído	digno	hostil	Maltratado
arrepentido	defraudado	disgustado		manipulado
asqueado	desanimado	displicente	Ido	marginado
asombrado	desganado	distante	ignorado	melancólico
asustado	dependiente	distraído	impaciente	molesto

mortificado	paranoico	**R**abioso	sobresaltado	torturado
muerto	pasivo	reacio	soliviantado	traicionado
	perdedor	rebelde	solo	trastornado
Negado	perdido	receloso	superior	triste
negativo	perezoso	rechazado	susceptible	
nervioso	perplejo	relegado	suspicaz	**U**sado
nostálgico	perturbado	rencoroso		utilizado
	perverso	resentido	**T**aimado	
Obcecado	pesado	reservado	tembloroso	**V**acilante
obligado	pesaroso	resignado	temerario	vencido
obsesionado	pesimista	retraido	temeroso	vengativo
odioso	posesivo	rígido	tendencioso	vicioso
olvidado	preocupado	risorio	tenso	violento
	prepotente		testarudo	vulnerable
Paralizado		**S**ensible	tímido	

Los celos

Los niños nacen siendo totalmente dependientes de nosotros, los padres. Necesitan nuestro apoyo constante durante sus primeros años de vida; necesitan que les cuidemos y les criemos y esta dependencia no es solo física, sino también afectiva.

Cuando alguna circunstancia reduce el tiempo o la dedicación que ofrecemos a un hijo, aparecen los celos. El niño siente que ha de competir por ganarse el cariño que hasta ese momento había recibido de forma incondicional.

Los celos infantiles son un sentimiento natural que surge en el niño cuando se siente desplazado. Consiste en un sentimiento de odio y rechazo hacia esas personas a quienes más quiere. El hecho de que sean unos sentimientos tan contradictorios es lo que hace que le resulte más difícil lidiar con esta emoción.

Los niños sienten celos en muchas situaciones; por supuesto cuando tienen un hermano, pero también cuando otro niño llama la atención de sus papás o cuando el padre o la madre tienen una nueva pareja. Incluso podríamos hablar de celos «madurativos» que son los que experimenta el niño cuando pasa por la fase de «enamoramiento» de su mamá o su papá y tiene que compartir ese amor con el otro progenitor[17].

• **¿A qué edad aparecen?**

Los celos infantiles pueden aparecer en cualquier momento durante la infancia, pero su manifestación será diferente según la edad.

> Cuando el niño es menor de dos años, suele pasar más desapercibido, ya que el miedo a perder el amor de sus padres pueden manifestarlo mostrándose obedientes, sumisos, cariñosos en exceso… cualquier cosa para que sus papás no les abandonen.

> A medida que tu hijo crece, los celos infantiles se manifestarán de manera más evidente mediante conductas bruscas, agresivas y disruptivas. Es a partir de los cinco o seis años, cuando el niño haya alcanzado un nivel de desarrollo cognitivo suficiente, cuando comenzará a manipular emocionalmente, retirando el afecto a aquellos por los que se siente abandonado.

---

[17] Freud mantenía que los celos arraigan principalmente en acontecimientos infantiles asociados con el complejo de Edipo.

Edipo y Electra son figuras de la mitología griega. Edipo mata a su padre sin saber que era su progenitor y se casa con su madre. Electra amaba a su padre y odiaba a su madre, que traicionó a su esposo y provocó su muerte. Según Freud, todos los niños experimentan de alguna manera el dolor de Edipo y de Electra. El niño se «enamora» de su madre, la niña se «enamora» de su padre, pero ambos se enfrentan a un rival poderoso: el niño a su padre, la niña a su madre. El niño teme la ira de su padre si descubre que su hijo desea a su esposa y para superar ese miedo se identifica con él. La niña envidia la posición de la madre y se sobrepone a esa envidia identificándose con ella. El dolor ante la pérdida, la impotencia, el odio contra el rival que los niños experimentan cuando «pierden» en su triángulo amoroso, quedan grabados en su psique y reaparecen en la edad adulta cuando se encuentran inmersos en un triángulo amoroso semejante.

Otros investigadores dentro del ámbito del psicoanálisis piensan que el origen de los celos podría remontarse a nuestras primeras semanas de vida. El bebé experimenta angustia, impotencia y miedo al abandono, al rechazo, cuando hambriento llora y su madre no acude a atenderlo.

- **¿Cómo se manifiestan los celos infantiles?**

Los celos infantiles se manifiestan habitualmente a través de conductas agresivas hacia esa persona que le ha quitado protagonismo: pegándole, mordiéndole, pellizcándole, golpeándole.

En otras ocasiones lo hace mediante llamadas de atención: hablando a gritos, dando golpes para hacer ruido, haciendo cosas que sabe que no gustan; actitudes que provocarán el enfado de sus padres y que no deja de ser una forma de tener su atención.

- **¿Cómo puedo ayudar a mi hijo a gestionar sus celos?**
  - Intenta entender qué es lo que los provoca, ya que sin duda hay algo que los desencadena.

    La mayoría de nosotros sabemos qué pone celosos a nuestros hijos. El mero hecho de comprender lo que le está molestando, de ponernos en su lugar y de entender que se sienten indefensos y vulnerables, hace que cambie nuestra actitud ante sus muestras de celos.

    A la hora de comprender el mecanismo de los celos es importante distinguirlos de la envidia, ya que es frecuente confundirlos. Aunque ambos provocan una actitud hostil, celos y envidia son psicológicamente muy diferentes. En términos generales, la envidia involucra a dos personas, una posee algo que la otra desea y además la segunda no quiere que la primera lo tenga. Por el contrario, en el escenario de los celos hay tres personajes: el celoso responde a la amenaza que representa un tercero para una relación que él considera valiosa. Podríamos decir que la envidia tiene que ver con el «no poseer» mientras que los celos con el «poseer».
  - Permítele expresar lo que siente. Eso sí, de una forma adecuada, que no le dañe a él ni a los demás. Hazle ver que entiendes cómo se siente pero que no puede golpear o hacer daño a otros o a sí mismo.

    Ayuda a tu hijo a encontrar otras formas de expresar cómo se siente. Para ello te pueden ser de utilidad los recursos de relajación del bloque CUERPO o los relacionados con la gestión de la rabia que encontrarás en este.

- Mantente alerta ante posibles momentos de aparición de los celos.

De ese modo, si sabemos que una situación va a desencadenar los celos de nuestro hijo, podemos prevenirlo hablando con él, preparándole para afrontar lo que viene o buscando una compensación. Prometerle que «pasaremos un ratito juntos más tarde u otro día» siempre funciona.

Respecto a las compensaciones, ten en cuenta que tu hijo echa de menos tu compañía y tu atención, por lo que intentar compensarle con un regalo, en estos momentos, no tiene sentido.

La vergüenza

La vergüenza es una emoción que va unida a la necesidad de ser aceptado por los demás y que nace de la idea de ser defectuoso o inadecuado.

La vergüenza es lo que se denomina una emoción social compleja, que todos, en alguna ocasión, hemos sentido. Se define como emoción social porque solo podemos sentirnos avergonzados cuando estamos en compañía de otras personas, y compleja porque es el resultado de la combinación de tres emociones básicas: la rabia, el miedo y la tristeza. Aparece por primera vez entre los dieciocho y los veinticuatro meses de edad y se va desarrollando a lo largo de toda la niñez.

La vergüenza hace que el niño sienta miedo, rabia, frustración, tristeza o decepción al verse en una situación que le incomoda cuando cree que otros le juzgan y evalúan. Un niño que siente vergüenza tiende a compararse con los demás, de quienes piensa que son mejores que él. No se siente merecedor de atención, avergonzándose si recibe demasiada atención. Le resulta muy difícil, casi imposible, expresar opiniones, porque considera que sus ideas no son acertadas.

Si en una conversación alguien le quita la palabra, su reacción inmediata suele ser sentir vergüenza por haber tenido la osadía de manifestar su opinión, «esa que no le interesa a nadie», y por tanto, profundamente avergonzado, dejará de hablar y deseará desaparecer. Cuando tiene una necesidad o desea pedir algo a alguien callará avergonzado de expresar un deseo, pues cree que no es lo suficientemente importante como para molestar a los demás con sus peticiones.

- **Cómo ayudar a los niños a superar la vergüenza.**
La inseguridad o la falta de confianza en sí mismos son ingredientes importantes en la aparición de la vergüenza, tanto en niños como en adultos, por tanto, lo primero que podemos hacer para ayudar a nuestros hijos vergonzosos es potenciar su autoestima y aumentar su confianza en sí mismos. ¿Cómo puedo hacerlo? Siguiendo estos consejos que te propongo:

  ‣ Predica con tu ejemplo. Explícale que tú también sientes vergüenza en muchas ocasiones, por ejemplo, preguntando cosas a desconocidos, pero que juntos vais a aprender a superarla.
  ‣ Elogia siempre sus progresos, reforzando positivamente no solo el resultado final sino sobre todo lo mucho que se ha esforzado para conseguirlo.
  ‣ Apóyale cuando se tenga que enfrentar a situaciones nuevas, sin sobreprotegerle.
  ‣ Permite que haga cosas por sí solo sin necesidad de tu ayuda.
  ‣ Fomenta que se relacione con otros niños.
  ‣ No respondas por él cuando alguien le pregunte algo y no quiera contestar, pero tampoco le defiendas colocándole la etiqueta de «tímido» o «vergonzoso».
  ‣ ¿Recuerdas lo que hablábamos en el capítulo MENTE sobre el impacto de las etiquetas? No le pongas etiquetas, ni siquiera para disculpar su comportamiento. Cuanto más le digamos que es un vergonzoso o tímido, más se convencerá de que lo es y más tardará en vencer su problema.
  ‣ No le fuerces a hacer algo que no desea hacer con la intención de demostrar lo bien que lo hace. Tu buena intención produce el efecto contrario: aumenta su inseguridad y, por tanto, su sentido del ridículo.

- ▸ Evita criticar o corregir a tu hijo cuando habla, pinta, baila …
- ▸ Fomenta que haga preguntas y peticiones a terceros, por ejemplo, cuando te acompañe a hacer la compra o al pedir un refresco en un bar.
- ▸ Evita las comparaciones con otros niños. Siempre que le comparamos le estamos haciendo creer que no nos gusta como es y que preferiríamos que fuera otra persona.

Un niño confiado y seguro de sí mismo es un niño con menor tendencia a sentir vergüenza.

El miedo

El miedo es una reacción fisiológica diseñada por la evolución para eludir situaciones de peligro, ya sea este inmediato o potencial. El miedo en los niños es algo normal, que forma parte de su desarrollo y lo observamos en el hecho de que los bebés, a las pocas semanas de vida, ya son capaces de experimentar sobresaltos, inseguridad, tensión…

- **El miedo no es malo.**

Podría decirse que el miedo es el guardaespaldas de tu hijo ya que le aleja de forma instintiva de situaciones o personas que podrían suponer para él una amenaza. Sentir miedo ante el peligro nos evita correr riesgos innecesarios, aunque el problema aparece cuando el miedo se descontrola, es decir, es tan fuerte que limita nuestra vida.

En muchas ocasiones, el miedo nace de situaciones injustificadas, donde no hay un peligro real. La persona en general, y el niño en particular, ve un riesgo excesivo en una situación que no lo tiene; por ejemplo, el miedo a las arañas, a las alturas, a los ruidos etc. En estos casos, el niño lo pasa muy mal y la falta de control del miedo puede generarle mucha ansiedad.

Idoia le tiene miedo a todo y me da mucha pena por ella porque vive permanentemente aterrorizada. Esto

*nos afecta a todos ya que nunca sabemos cuándo va a
ocurrir algo que le saque de sus casillas.
La verdad es que tanto su padre como yo no somos lo
que se dice valientes. Nos dan miedo muchas cosas y por
eso, porque sabemos lo que se sufre, sentimos mucha
lastima por ella.*

ANA, MADRE DE IDOIA (6 años)

Como hemos visto por el testimonio de Ana, el miedo en los niños puede llegar a complicar, y mucho, la armonía familiar y su vida cotidiana. Muchos de los miedos y fobias infantiles aparecen como imitación de un comportamiento de los padres o de sus adultos de referencia, por eso, si somos miedosos debemos gestionar nuestro propio miedo para no inculcárselo a nuestro hijo.

Para poder ayudar a nuestros hijos a superar sus miedos, debemos conocer cuáles son sus miedos.

- **¿Cuáles son los miedos más frecuentes por edades?**

Los expertos consideran que un bebé no expresa miedo propiamente dicho hasta cerca de los seis meses, y entonces, los primeros motivos de miedo son los rostros desconocidos o la ausencia de los padres. En general, a esa edad estos miedos son indicativos de cierta madurez evolutiva.

Hasta los dos años, las principales causas de miedo son la oscuridad, los ruidos fuertes, los desconocidos, separarse de los padres, miedo a sentir dolor y a los animales.

Entre los tres y los cinco años disminuye el miedo a los desconocidos, se mantiene el relacionado con la separación de los padres, los ruidos fuertes, los animales y la oscuridad; aumenta el miedo al daño físico y aparece el miedo a las personas disfrazadas.

Entre los seis y los ocho años, disminuye el miedo a las personas disfrazadas y a los ruidos fuertes mientras que aumenta el producido por seres fantásticos como monstruos, brujas o fantasmas y aparece el miedo a las tormentas, a los accidentes, a los médicos y a la soledad.

Entre los nueve y los doce, nuestro hijo ha alcanzado un nivel madurativo suficiente como para que sus miedos sean menos imaginarios y más basados en la realidad. A estas edades disminuye el miedo a la oscuridad y a los seres imaginarios, pero aparecen los miedos relacionados con los estudios y exámenes, la interacción con otras personas, el miedo a no adaptarse a su entorno y el miedo a la muerte.

A partir de los doce años se reducen mucho todos los miedos anteriormente acumulados, pero empiezan a tomar importancia todos los relacionados con su ámbito social y escolar, relaciones personales, logros académicos y deportivos, desapareciendo prácticamente el miedo a la muerte o a las situaciones peligrosas.

Cuando un niño sufre las consecuencias del miedo, le cuesta imaginarse su mundo sin estas preocupaciones, por lo que es necesario poner a su alcance las herramientas necesarias para que se sienta mejor, protegido y a salvo.

- **Claves para ayudar a un niño con miedos.**
Los miedos en los niños son complicados de prevenir, pero como padres podemos ayudar a superarlos. Las principales claves para ello son:

> No le protejas en exceso: ha de aprender a valerse por sí mismo.
> Transmítele seguridad. Habla con él sobre sus miedos y analizad juntos la situación con naturalidad.
> Ofrécele tu apoyo y demuéstrale que no tiene por qué tener miedo de unas situaciones cotidianas. Ayúdale a analizar racionalmente que está fuera de peligro.
> No le regañes ni le obligues a cambiar de actitud: si además de tener miedo le regañas, puedes conseguir que tu hijo pase de tener un miedo a tener una fobia. Si a la propia situación temida le sumamos el miedo a tu enfado, lo llevará aun peor.
> Id afrontando sus miedos juntos, poco a poco. Por ejemplo, si tu hijo teme a los perros, no los evites siempre que os crucéis uno por la calle y actúa con naturalidad, como si no le vieras.
> Por extraño o absurdo que te parezca su miedo nunca lo ridiculices: es importante que no le hagas sentir mal por ello.

- Ayúdale a que sea él mismo quien evalúe su nivel de miedo y a encontrar estrategias para, poco a poco, ir venciéndolo (respirar profundamente, recordar por qué está fuera de peligro, pensar en cosas agradables, etc.).
- Valora sus esfuerzos y refuérzale: premia o celebra cualquier pequeño avance en superar su miedo; es la mejor manera de motivarle a que termine con él.
- Nunca le amenaces con aquello que le asusta. Además de ser una crueldad, vamos a aumentar su miedo.
- Ten mucha paciencia y bríndale tu apoyo: que sienta que estás ahí siempre que lo pueda necesitar.

Y, sobre todo:

- <u>No les pases tus miedos.</u>

La rabia

La rabia es, como hemos visto, una de las emociones básicas, siendo la ira, el enojo y la furia, entre otras, distintas formas de manifestarla que tienen que ver con la intensidad con la que la estemos sintiendo. A partir de la emoción de la rabia surgen estados emocionales como la irritabilidad, la frustración y el resentimiento que pueden resultar muy difíciles de gestionar para todos, pero especialmente para los más pequeños.

Es imposible evitar que nuestros hijos se enfaden, pero lo que sí podemos es hacerles entender que sentir enfado es algo normal, que nos pasa a todos. La rabia y el enfado son, en realidad, manifestaciones de la misma emoción (la rabia) en distinto grado o intensidad. El enfado no resuelto suele conducir a la rabia, y esta a su vez siempre va acompañada de enfado. En cualquier caso, ambos descontrolados, llevan a la violencia y pueden tener muy graves consecuencias. Por eso es tan importante enseñar a nuestros hijos, desde pequeños, formas saludables de controlar su rabia.

Lo malo de la rabia es cuando se nos desboca y se vuelve destructiva, haciéndonos decir y hacer cosas que ni sentimos, ni pensamos, ni queremos en el fondo hacer. ¿Cómo podemos ayudar a los más pequeños a gestionar esta emoción?

- **10 primeros pasos para enseñar a tus hijos a gestionar la rabia.** Por supuesto partimos de la idea de que tu hijo puede gestionar perfectamente su rabia, solo que no sabe cómo hacerlo. Necesita comprender que algo le está pasando, identificarlo y poner en práctica las herramientas para ello:

1. Explícale, con tus propias palabras y desde tu experiencia qué es la rabia, cómo hace sentir a uno cuando se enciende, qué consecuencias tiene si se desboca, cómo hace sentir a los demás… Te sugiero que te ayudes de un globo, llenándolo de aire para explicarle que la rabia llena el globo y que, si no dejamos que salga, acabará explotando.

2. Pregunta mucho y escucha aún más. Ayúdale a reflexionar sobre sus enfados: que identifique cuándo ha experimentado enfado, cómo se sentía, etc.

3. Hazle saber que el enfado es algo normal, que nos ocurre a todos, y ayúdale a reconocer qué situaciones son en las que se enfada y cómo reacciona ante ellas. Por supuesto, hazle reflexionar sobre las consecuencias de sus enfados.

4. Enséñale a soltar tensión. El deporte es una excelente manera de canalizar un exceso de tensión que puede desembocar en un ataque de rabia o un berrinche. El deporte libera endorfinas y favorece una sensación de bienestar.

5. Explora con él las herramientas que te hemos presentado en los bloques anteriores, para que se haga consciente de las sensaciones de su cuerpo, de sus pensamientos y conductas.

6. Enséñale a reconocer la rabia. Como bien sabes, cuando tu hijo esté en pleno ataque de rabia es imposible razonar o hablar con él, pero cuando la rabieta ha pasado, es el momento de charlar sobre lo ocurrido. Recuperada la calma puedes poner nombre a lo sucedido y permitirle que recapacite sobre la razón que le llevó a reaccionar así y explique cómo se siente después.

7. Enséñale a actuar sin rabia: muchas veces los niños responden con rabia ante una situación porque no saben cómo responder de otra forma ante ella. Nunca serán demasiadas las veces que, ante un momento en el que perdió los estribos, le ayudes a:

   ▶ Identificar qué causó su rabia.
   ▶ Buscar soluciones para próximas situaciones.
   ▶ Explicarle lo diferentes que pueden ser las consecuencias si se responde con rabia o si se responde con tranquilidad.
   ▶ Repasar lo que ocurrió, qué no estuvo acertado y cómo puede actuar mejor en otra ocasión.

8. Nunca respondas a su enfado enfadándote. Si sientes que te enfadas, cálmate tú antes de ayudarle a hacerlo él. Para que tu hijo aprenda a manejar su rabia ha de ver cómo tú lo logras, incluso en momentos en los que es fácil perder la paciencia. Si tu respuesta a su rabia es agresiva, su enfado aumentará aún más.
9. Refuérzale cada vez que su respuesta no sea iracunda y valora el esfuerzo que hace para que así sea.
10. Fomenta la empatía, que como hemos visto en el capítulo correspondiente, supone que tu hijo comprenda cómo se siente el otro y se ponga en su lugar.

Trabajar la rabia con tus hijos es una necesidad, ya que de entre todas las emociones básicas, seguramente sea la que más malestar genera en ellos. Lamentablemente, tendemos a enfadarnos cuando nuestro hijo manifiesta su rabia y, de forma inconsciente, procuramos que la repriman en lugar de afrontarla y gestionarla. Para que eso no siga ocurriendo, te propongo algunas técnicas que te pueden ser de utilidad para trabajar la rabia con tu hijo.

- **11 técnicas para enseñar a tu hijo a gestionar la rabia.**
  La rabia no es una emoción fácil de manejar para los niños y cuanto más pequeños son más difícil les resulta. En un ataque de

rabia los niños pueden gritar, romper cosas, lanzar objetos, pegar o insultar.

Siento una tremenda desesperación e impotencia cuando Elena, si algo no le cuadra y no se sale con la suya, pierde el control y monta en cólera. Haga lo que haga o diga lo que diga, nada consigue apaciguar toda su rabia.

MAE, MADRE DE ELENA (14 años)

Antes de que Elena llegue a esta situación, en la que la parte racional de su cerebro se ha desconectado debido a la intensidad de la emoción que está sintiendo, es cuando hay que actuar para evitar estos «numeritos» tan desagradables y una situación de la cual todos van a salir malparados. Es decir, en lo que a emociones se refiere: la clave está en prevenir.

Estoy segura de que tú, como la madre de Elena, has procurado que nada de esto llegue a ocurrir, has atendido a tu hijo, has buscado soluciones o alternativas, le has mostrado interés y has escuchado sus razones, le has dicho y demostrado que le quieres por encima del mundo entero, pero, aun así nada ha sido suficiente y se ha desatado la tempestad.

Para prevenir, para que nada de esto llegue a ocurrir o al menos que la tempestad no alcance su máxima intensidad, quiero compartir contigo una serie de técnicas que te pueden ser de utilidad a la hora de enseñarle a gestionar esta emoción.

- **Termómetro de mi rabia.**

Te presento una ilustración que podéis copiar y utilizar para identificar el nivel de rabia que está sintiendo o, simplemente, cómo se siente en general en un momento determinado.

El simple hecho de hacerse consciente de que está sintiendo rabia y valorar su intensidad, hace que esa rabia vaya bajando. Cuando veas que anda algo alterado o inquieto, recuérdale mirar el semáforo y valorar cómo se siente.

Colocado en un lugar visible para toda la familia, por ejemplo, pegada en el frigorífico, puede serviros a todos para identificar o hacer saber al resto de la familia cómo os estáis sintiendo.

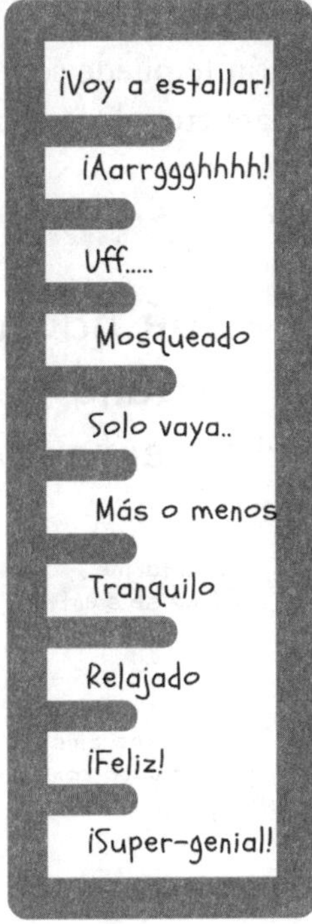

- **Mi plan de acción anti-rabia.**

Elabora con tu hijo un póster con un plan de acción o cosas que él puede hacer para calmarse cuando se siente enojado o frustrado.

Con todas las herramientas que habéis ido descubriendo en este libro, elaborad juntos una secuencia para responder ante el enfado. Por ejemplo:

- Cierro los ojos y respiro profundamente, centrándome en la respiración (puedo ayudarme contando hasta diez).
- Cada vez que suelto el aire me imagino que soy un globo deshinchándose.

‣ Pienso en qué siento, cómo me siento y qué estoy haciendo.

‣ Pienso en algo que me gusta, para cambiar los pensamientos que están en mi cabeza por pensamientos agradables.

‣ Hablo con mamá o papá y le explico las sensaciones y pensamientos que he tenido, sin alterarme.

La siguiente ilustración te puede servir para utilizarla o al menos como inspiración para crear la vuestra.

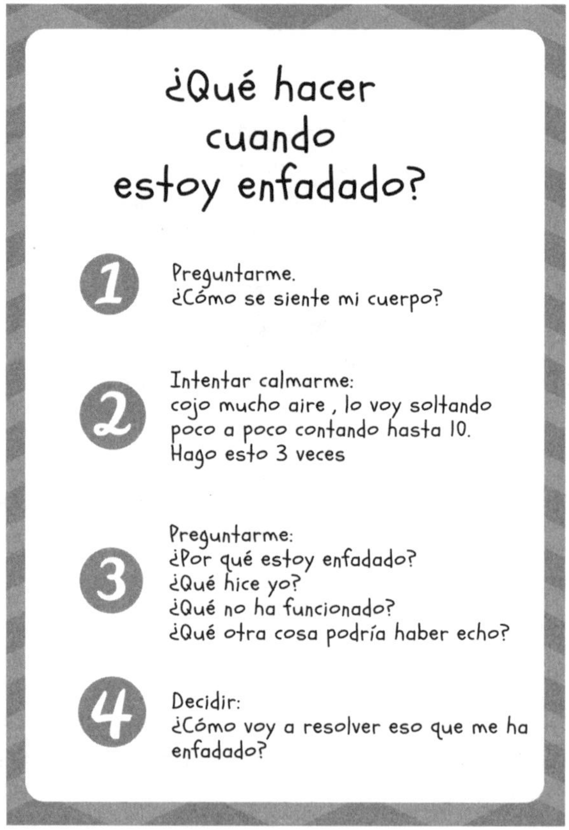

El rincón de la calma: Consiste en, juntos, crear un lugar especial dentro de la casa al que tu hijo puede ir a calmarse cuando se sienta alterado o fuera de control. Ayúdale a decorarlo con elementos que lo inviten a relajarse y a recuperar su paz, como por ejemplo: juguetes, libros, música, cosas para dibujar o moldear, peluches, etc. Cuando veamos que comienza a perder el control solamente recuérdale que existe ese lugar al que puede ir, no le <u>ordenes ni le mandes ir allí</u>, porque eso sería un castigo. Se trata de generar un «tiempo muerto».

El semáforo: Consiste en enseñar a tu hijo a caer en la cuenta de cómo empieza a comportarse llevado por su rabia y actuar ante ese comportamiento como si existiera un semáforo que le regulara.

ROJO para DETENERSE, es decir, quedarse completamente quieto.

AMARILLO para PENSAR lo que está sucediendo y detectar posibles alternativas.

VERDE para ACTUAR, llevando a la práctica alguna de esas soluciones.

Puedes aprovechar una actividad de manualidades para dibujar un semáforo en una cartulina y colocarlo en un lugar visible para todos. En el dibujo incluye las siguientes frases:

Luz Roja: ALTO, tranquilízate y piensa antes de actuar.
Luz Amarilla: PIENSA alternativas y sus consecuencias.
Luz Verde: ADELANTE y pon en práctica la mejor solución.

Cuando observes algún comportamiento que comienza a ser inadecuado, llámale la atención sobre el semáforo, para que se dé cuenta de cómo puede resolver la situación.

Otra opción para poner en práctica esta herramienta sería tener a mano tres cartulinas con tres colores diferentes: rojo, amarillo y verde. Cuando muestres a tu hijo la cartulina roja, querrá decir que la situación se ha descontrolado y debe parar porque no está controlando su rabia; la cartulina amarilla indicará que debe analizar qué está pasando y por qué se está comportando así y la verde le dará la oportunidad de expresar lo que siente.

«La música amansa a las fieras»: Si a tu hijo le gusta escuchar música, cuando se sienta tenso puedes ponerle música relajante o, dependiendo de cada niño, estimulante para ayudarlo a volver a su centro.

Acude a la respiración: Repasa cualquiera de los ejercicios de relajación que encontrarás en el primer bloque CUERPO. La consciencia corporal unida a la respiración le proporcionará calma mental.

«Besos, ternura, que derroche de amor…»: Los gestos de amor, las caricias y abrazos hacen que nuestro cuerpo genere oxitocina, una hormona que regula las emociones estresantes y proporciona bienestar. Es sensacional recibir abrazos y cariño, sin embargo, a muchos niños les cuesta recibirlos en el momento justo en el que están tan enfadados. Es normal; así que para aplicar esta técnica de forma respetuosa pregúntale antes a tu hijo si un abrazo le ayudaría a calmarse o si prefiere usar otra herramienta.

Fabrica tu pelota antiestrés: Aprovecha una tarde de manualidades para construir su propia pelota antiestrés. Es una actividad sencilla y muy divertida de hacer. Tan solo necesitas:

- Un globo.
- Una bolsa de bolitas de gelatina hidratante para plantas
- Agua para hidratar la gelatina.

Pon las bolitas a remojar y cuando estén bien hidratadas las introduces en el globo, cerrándolo bien con un nudo para que no se salga el contenido. Invítale a que lo decore con una carita o le ponga nombre.

Cuando sienta que se enfada, que la rabia le inunda, dile que la espachurre entre sus manos, con fuerza, volcando en ella todo eso que siente.

Ten en cuenta que el tamaño de la pelotita ha de ser el adecuado para que quepa en la palma de la mano de tu hijo.

Utiliza tu cuerpo, está para eso: Dado que la rabia produce muchísima tensión muscular, en esos momentos en los que tu hijo necesita expresar su rabia y todavía no es capaz de controlarla, puedes ayudarle a soltarla a través de un objeto, como en un cojín o un peluche, que pueden tirar o estrujar con fuerza.

Garabatear, arrugar papeles, cortarlos en trocitos o aplastar plástico de burbujas también son maneras excelentes para ayudarles a canalizar la rabia de forma física. Pídele que vuelque en un papel cómo se está sintiendo mediante un garabato rápido y fuerte, dibujado con alguna pintura que no se rompa fácilmente. Invítale a acompañarlo con la voz, para dejar salir el enfado y al final dile que rompa el papel en pedacitos para expulsar los restos de rabia que pudieran haber quedado dentro. Es muy liberador y a ti también te encantará hacerlo.

Otra fórmula muy buena puede ser saltar por el pasillo, subir y bajar escaleras muy deprisa o correr si estáis en la calle. Acompáñale a hacerlo y permítele chillar mientras corre, gritar, para acabar ¡¡¡dándoos un fuerte abrazo.!!!

Tocar arena o agua: Los niños que son más sensoriales se calman inmediatamente cuando entran en contacto con elementos de la naturaleza. Si tu hijo es de ellos, cada vez que se enfade, puedes ofrecerle un recipiente con agua o arena para que meta sus manitas y juguetes. En el caso de agua, si le agregas jabón líquido, cambia su textura y su aroma, convirtiéndose en una experiencia mucho más sensorial, entretenida y relajante.

Y, por último, la herramienta más eficaz:

Tú

Mucho mejor que cualquier técnica. La más efectiva y eficiente para lograr que tu hijo recupere su equilibrio es a través de tu propia gestión de tus emociones.

El ser humano tiene en el cerebro un mecanismo de imitación para el aprendizaje conocido como «neuronas espejo», cuya misión es imitar el comportamiento de las personas que nos rodean, para aprender de ese entorno. Por eso, si como padre o madre eres capaz de identificar tu propio enfado, si lo gestionas adecuadamente, si eres capaz de poner en práctica algo efectivo para calmarte, estarás haciendo llegar a tu hijo el mensaje más potente.

La tristeza

Podríamos pensar que los niños no tienen razones ni motivos para sentir tristeza; los adultos sí, por todo lo que nos va pasando en la vida. ¡Qué equivocados estaremos si pensamos así!

Por supuesto que los niños tienen derecho a sentirse mal, de hecho, es más común de lo que nos imaginamos. La pérdida de un familiar o una separación, un cambio de colegio, una discusión con un amigo, un juguete que se ha roto o se ha perdido, pueden hacerles sentir tristes.

Como padres nos duele ver a nuestros pequeños tristes, pero no podemos ni debemos evitarles la tristeza. Cuando esta aparece en su vida hemos de hablarles sobre ella, ayudarles a entenderla y a identificarla. Es preferible reconocer y aceptar que ocultar; solo aceptándola podremos dejarla marchar.

- **¿Cómo se manifiesta la tristeza en los niños?**
  Cuando un niño está feliz se ríe y juega; cuando tiene miedo se queda quieto y callado, pero cuando está triste lo puede manifestar de tantas maneras que puede no resultarnos del todo evidente:

  - Mostrándose decaído, dormilón, apático, poco hablador, inapetente o llorando con facilidad.
  - Mostrándose ansioso, parlanchín en exceso, irregular en la forma de comer o hiperactivo.

  Incluso en un mismo día puede llegar a tener conductas y comportamientos opuestos que enmascaren su verdadero estado de ánimo. Por eso hemos de estar muy atentos a los cambios bruscos en su comportamiento.

- **¿Qué aprenden los niños de la tristeza?**
  La tristeza es un elemento esencial del aprendizaje, por eso debemos darle la importancia que merece.

  Tanto tú como yo queremos que nuestros hijos sean felices, pero la tristeza es una emoción natural que ni podemos ocultar ni podemos reprimir. Si no hay alegría no existe la tristeza y, efectivamente, la felicidad no está exenta de momentos tristes. Pero ¿para qué necesitamos el sentimiento de tristeza?

La tristeza nos enseña grandes lecciones para la vida:

- Nos entrena para tolerar la desilusión, la frustración, el fracaso o la injusticia.
- El hecho de que a veces se pierde y a veces se gana.
- Nos ayuda a buscar soluciones para sentirnos mejor.
- Favorece nuestra asertividad y la empatía.

La tristeza puede convertirse en un valioso aprendizaje sobre los valores, tanto para él como para ti. Nos indica que algo está fallando, que algo no va bien en nuestro interior y que es hora de encontrar la manera de sentirnos mejor.

• Ante la tristeza de mi hijo, ¿qué actitudes debo evitar?

Como ya apuntábamos en el capítulo sobre La Empatía, hemos sido educados huyendo de la tristeza. No sabemos reaccionar ante ella y lo más que se nos ocurre hacer es intentar consolar a alguien triste con un «venga, no llores...». Cuando actuamos así, no estamos siendo empáticos sino egoístas, ya que el mensaje es en realidad: «Tus lágrimas me hacen sentir incómodo: no llores porque no sé cómo afrontarlo».

Desde pequeños nos enseñan a cambiar lágrimas por sonrisas y a reprimir la tristeza. Actuar así no nos permite hacer desaparecer la emoción, sino que la entierra, de modo que cuando vuelva a brotar, lo hará con más fuerza. En cuestión de emociones, recuerda: lo que no se libera queda pendiente.

Dado que no sabemos afrontar la tristeza ajena, es muy habitual que reaccionemos:

- Burlándonos, con frases como «eres un llorica». Estamos enseñándole a retraerse, a no expresar su emoción, ridiculizando sus sentimientos.

- Ignorándole. Probablemente no sepa qué le está pasando ni cómo salir de ese sentimiento, por eso es muy importante para tu hijo sentirse escuchado y apoyado en todo momento.
- Restándole importancia: «Eso no es nada, no es para tanto». Para ti quizá no, pero para él es todo un drama.
- Reñirle o castigarle: «Como sigas lloriqueando, me voy». Con esta forma de afrontar su tristeza solo le queda una salida: dejar de llorar y tragarse su tristeza.

En su lugar, un abrazo le ayudará a sentirse bien y lleno de energía.

Como ves, tu papel es fundamental para que tu hijo comprenda que no debe tener miedo a estar triste.

La tristeza en los niños jamás debe pasarse por alto. No afrontarla supone empujarle al retraimiento, a no confiar en ti y a que se aleje.

La tristeza es una emoción básica, como lo son la rabia, la alegría o el miedo. Dado que no podemos evitársela ni suprimirla, que está ahí para aprender de ella y no debemos permitir que la reprima, lo que sí podemos hacer es ayudarle a gestionarla

- **Consejos para ayudar a tu hijo a gestionar la tristeza.**

Nunca olvides que nuestros hijos aprenden de nuestras propias expresiones emocionales, ya que somos su referencia; por esto, es importante hacerle ver que los mayores también nos sentimos tristes a veces, que es algo normal y que papá, mamá o la abuela lo sienten alguna vez.

Para ello, es importante que:

- No tengas miedo de reconocer tu tristeza.
  Hazle sabe que a ti tampoco te gusta sentirte así pero que es normal hacerlo cuando perdemos algo, cuando nos sentimos solos o rechazados, cuando hemos hecho algo que creemos incorrecto o cuando vivimos una experiencia desagradable. Es bueno explicarle por qué nos sentimos tristes ya que estos ejemplos los tendrá en mente cuando sean él quien se sienta así.
- Ayúdale a identificar sus sentimientos.

Muchas veces, cuando los niños no saben cómo se sienten, lo expresan de manera agresiva mediante patadas, empujones o golpes. Permítele sentirse triste sin necesidad de agredir u ofender a nadie. Es bueno que se desahogue, pero con respeto.

Para ayudarle a reconocer sus sentimientos puedes ayudarte de los ejercicios que encontrarás en el apartado de «Juegos para identificar emociones» que encontrarás en el siguiente apartado.

- Escúchale.
Necesita sentirse escuchado, saber que tienes tiempo para él, para que te explique cómo se siente.
- Abrázale mucho.
Los abrazos hacen que se sienta bien, reducen la tensión y mejoran su autoestima.
- Enséñale a no esconder sus emociones.
Sea lo que sea que sienta tu hijo, hazle ver que es importante para ti.
- Haced una lista con todas las cosas buenas que tiene a su alrededor, para combatir su pesimismo.

En resumen, y como para todas las emociones, los pasos a seguir serían:

- Identificar qué es lo que le está afligiendo, para que cese esa circunstancia.
- Hacerle entender que estar triste no es malo.
- Buscar una solución.

Todo problema tiene una solución. Guiemos a nuestro hijo de vuelta a un estado de serenidad donde la felicidad sea la protagonista.

Los niños también siente tristeza y hemos de estar atentos a sus estados de ánimo, animarles a que nos cuenten cómo se sienten en cada momento y, sobre todo, a estar ahí cuando necesiten nuestro consuelo.

Juegos para identificar emociones

Los dos primeros pasos hacia la educación emocional de nuestros hijos son hacerles ver que las emociones son una parte fundamental de nuestra vida y ayudarles a ser capaces de identificar, conocer y poner nombre a las emociones.

A partir de ahí podrán aprender a regularlas, pero hemos de comenzar a conocerlas y a entender que todos las tenemos, solo que cada uno las exteriorizamos de una forma distinta.

Como bien sabes, la mejor forma de aprender es siempre jugando y en lo que emociones se refiere, no va a ser distinto, por eso te propongo una serie de juegos que os van a ayudar a identificar emociones.

Vamos a dibujar caras

Este juego, con la ayuda de seis cartulinas tamaño folio y lápices de colores, os servirá para identificar qué cara ponemos cuando sentimos las emociones.

Propón a tu hijo dibujar en cada folio una cara, que ocupe todo el espacio, con las expresiones faciales de las emociones que le son más reconocibles:

Alegría
Tristeza
Rabia
Miedo
Sorpresa
Vergüenza

Antes de empezar a dibujar cada emoción, aprovechad para hablar sobre qué sentimos con cada una de ellas, cómo ponemos la boca, los ojos… Hazle preguntas para que él saque sus propias conclusiones y luego lo plasme en el papel. Una vez hechos los dibujos puede enseñárselos a otras personas para ver ellos si identifican las distintas emociones en las caras dibujadas.

Este juego creará un clima de comunicación y nos servirá para hablar de las emociones con el niño, para que aprenda a diferenciarlas, a ponerles nombre y, sobre todo, para que empiece a entender que todos sentimos esas emociones en algún momento.

Baile de máscaras

Ahora que tenéis las caras dibujadas en las cartulinas, recortadlas para construir una careta con la que hacer una representación.

Invita a tu hijo a ponerse una de esas caretas y a gesticular y adoptar la postura corporal que está asociada a cada una de las emociones. Con ello comenzará a descubrir que los distintos estados emocionales influyen en nuestro cuerpo, en cómo nos movemos o actuamos, para poder identificar esos cambios en sí mismo y en los demás.

Y tú: ¿cómo te sentirías?

En este juego plantea a tu hijo distintos escenarios y distintas situaciones para que te cuente cómo se sentiría él en esa situación concreta. Alguna de esas situaciones podrían ser, como ejemplo:

La profesora, delante de toda la clase, te dice lo bien que has hecho un ejercicio.
Te peleas con tu mejor amigo.
Te caes de un monopatín.
Tu abuela te va a buscar al colegio.
Otro niño te quita tus lápices de colores.
No puedes ir a un cumpleaños porque te has puesto enfermo.

Por supuesto, ve añadiendo situaciones y complejidad a medida que el niño entienda la mecánica del juego y vaya conectando con sus emociones.

Este juego te permitirá conocer mucho más a tu hijo, ya que es posible que algunas de sus respuestas no tengan nada que ver con cómo tú afrontarías una situación similar.

Mini historia emocional

Las historias ayudan a los niños a comprender mejor las situaciones y a ponerse en lugar de otras personas, por eso te invito a que construyas un pequeño cuento que dé pie a hablar de las emociones y a debatir sobre ellas.

Por ejemplo, podría ser:

Están todos los niños de clase jugando en el recreo un partido de fútbol y se acerca Iván, que les estaba mirando jugar. Ya son demasiados y por eso no le dejan unirse al partido. Le dicen que se vaya a jugar con otro grupo, que allí no se puede quedar».

¿Cómo se sentiría Iván?

¿Cuál sería su cara?

Y su cuerpo, ¿cómo se pondría o cómo se movería?

¿Cómo se sienten los demás niños?

Existen infinidad de situaciones para él cotidianas que pueden ayudarte a crear estas mini-historias, que le permitirán descubrirse a sí mismo y a ti descubrir la personalidad de tu hijo.

Los colores de las emociones

Para este juego no necesitas más preparación que las ganas de pasar un rato divertido y mágico con tu hijo. Genera un clima de intimidad, por ejemplo, el ratito de darle las buenas noches. Hazle preguntas del tipo:

¿De qué color te imaginas la rabia?

Si tuviera un olor, ¿a qué olería?

Si tuviera un sabor, ¿a qué sabría?
¿Cómo es su textura?
¿Qué forma tendría?

Y así podéis ir repasando todas las emociones que conozca.

Dejemos volar nuestra imaginación y echemos unas risas con ellos. ¡A ver qué sale!

Las emociones juegan al escondite

Ve diciéndole frases e invítale a que descubra qué emoción se puede esconder detrás de cada una de ellas:

Lo he pasado genial, nunca olvidaré ese día.
¡Socorro!
No voy a jugar más contigo.
¡Cómo no se me había ocurrido antes!
Siento mucho haberte hecho daño.
¡Qué daño!
Pobre niño.

Échale imaginación y ayúdale a poner las emociones en contexto.

Y tú: ¿cómo reaccionas?

Los niños necesitan darse cuenta de que, ante una misma situación, cada persona siente una emoción distinta, y con ese fin hemos realizado los juegos anteriores. El objetivo del siguiente juego es que se dé cuenta de que una misma emoción te puede llevar a tener reacciones diferentes.

Haciendo un repaso por las emociones más reconocibles por él, como en el primer ejercicio, plantéale las siguientes preguntas

¿Qué cosas hacen que te enfades?
¿Qué haces cuando te sientes enfadado?
¿Cómo reaccionas cuando alguien está enfadado contigo?

Y así con todas y cada una de las emociones.

Este juego consiste en descubrir que cada persona reacciona de una manera, para lo cual podemos hacerles ver que nosotros reaccionamos de manera distinta a como ellos lo hacen y ponerle además el ejemplo de otras personas de su círculo más cercano.

Mi cuerpo me habla

Para este ejercicio necesitaremos la plantilla que encontrarás en la siguiente página y seis lápices de colores.

Explica a tu hijo que vais a aprender a escuchar a vuestro cuerpo, que siempre tiene mucho que decirnos, pero no solemos prestarle demasiado atención.

Recuérdale cómo funcionan los radares: una luz va pasando por la pantalla y localiza dónde están los aviones en el cielo o los barcos en el mar. Dile que hoy nuestro cuerpo es un radar gigante y esa luz, que va a ir y recorriendo todo nuestro cuerpo muy despacito, iluminando nuestros huesos, nuestros músculos, nuestra piel, va a detectar en nuestro cuerpo dónde sentimos una emoción.

Con el paso de esa luz vamos a localizarla en el cuerpo.

Preparad para cada uno de vosotros una hoja como la que encontraréis en la siguiente página y seis lápices de colores.

Coloread cada uno de los cajetines con un color, ambos usando el mismo color para cada cajetín. Los cajetines os van a servir para identificar el color asignado a cada emoción.

Pídele que recuerde una situación en la que haya sido muy muy feliz, que haya sentido una alegría desbordante. Necesitamos que el cuerpo la SIENTA, para lo cual tenemos que imaginarla con todos los detalles posibles. Pídele que te lo vaya contando en voz alta:

Qué estaba pasando.
Quiénes estaban en esa situación.
Dónde ocurrió.
Cómo iba vestido.

Si era de día o de noche.

Si ocurrió en el exterior o dentro de algún edificio.

Si hacía frío o calor.

Si había algún ruido que pueda recordar.

Dale tiempo para que pueda visualizar la situación, no tengas prisa.

Una vez tiene esa imagen en su cabeza, pídele que con ese radar busque dónde en su cuerpo siente esa alegría. Puede sentirlo en forma de calor, de cosquilleo, de presión, de punzada… de mil formas que encuentra nuestro cuerpo para hablarnos.

¡No te preocupes, lo va a identificar perfectamente,
incluso mejor y más rápido que tú!

Ahora que habéis encontrado dónde se esconde en vuestro cuerpo la alegría, abrid los ojos, tomad el color correspondiente que habéis asignado en su cajetín y coloread en el cuerpo donde lo habéis sentido.

Seguidamente, pasáis a la siguiente emoción, hasta identificar en vuestro cuerpo todas.

Una vez tengáis todas coloreadas, es un momento perfecto para comparar vuestros respectivos muñecos e intercambiar impresiones sobre cómo y dónde sentís cada uno vuestra emoción.

Conservad el resultado, o sea, vuestro muñeco lleno de colores, incluso colgadlo en un lugar visible. Este muñeco le va a mostrar el patrón por el cual su cuerpo siente las emociones, así que invítale a que la próxima vez que sienta algo y no sepa qué puede estar sintiendo, si mira su muñeco podrá identificar, a través de dónde y cómo lo siente, y qué emoción se le empieza a despertar.

*María es una niña muy temperamental; pierde los
estribos muy fácilmente y, la pobre, luego se siente
culpable por haberse comportado como lo hizo. Intentando
ayudarla le preguntábamos cómo se sentía cuando se*

*ponía así, pero ni ella misma lo sabía. Desde que hicimos
este ejercicio es capaz de identificar qué emoción está
sintiendo por las señales de su cuerpo.
Tiene su monigote pegado en su cuarto y recurre a él
siempre que comienza a sentirse tensa.
Saber qué está sintiendo ya le permite que baje la
intensidad de esa emoción.*

Guillermo, padre de María (12 años)

Como bien ha descubierto María, utilizando su monigote, solamente con el hecho de hacerse consciente de qué está sintiendo, le permite poner en perspectiva lo que siente y bajar su intensidad.

Alegría	Tristeza	Rabia

Miedo	Amor	Vergüenza

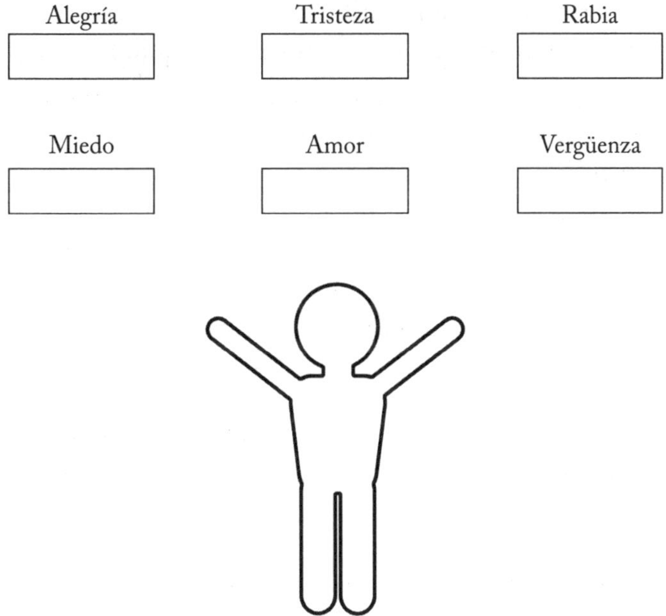

Los ejercicios anteriores te han servido para identificar emociones, para que tu hijo desarrolle un léxico emocional, para aprender a leer a los demás y, sobre todo, a través del juego, comprender cómo se puede llegar a sentir en un momento dado.

Pero…

¿Qué puedo hacer cuando una de esas emociones le ha nublado, le ha invadido y se muestra sobrepasado y poco razonable?

¿Cómo puedo ayudarle a identificar qué está sintiendo en un momento de «subidón» emocional?

¿Cómo puedo ayudarle a soltar lo que siente y recuperar la serenidad?

En las siguientes páginas encontrarás diversos juegos que he desarrollado a partir de las técnicas que utilizo en sesiones de terapia, por tanto, sus resultados son contrastados y espectaculares. Le van a ser de muchísima utilidad a tu hijo en esos momentos para gestionar sus emociones y recuperar su equilibrio emocional.

Juegos para soltar emociones

En el momento que nos demos cuenta de que nuestros hijos han sido «secuestrados» por una emoción, que seguramente no sepan ni reconocer lo que están sintiendo, es necesario ir a su rescate.

En las siguientes páginas encontrarás varios ejercicios de liberación emocional que te van a resultar de gran ayuda a la hora de acompañar a tu hijo a bajar la intensidad de lo que quiera que esté sintiendo.

¿Qué le pasa al Sr. Búho?

Lo mejor de este ejercicio es que puedes utilizarlo a cualquier edad, desde muy chiquititos. Se basa en la Ley del Espejo, según la cual lo que ves en los demás es tu propio reflejo.

En la siguiente página encontrarás un ilustración en la que aparece un búho mirándote.

Puedes utilizar esta lámina o cualquier otro dibujo en el que el personaje, preferiblemente un animal, esté mirando al frente.

Pide a tu hijo que observe la ilustración y te diga qué piensa él que puede estar sintiendo el Sr. Búho. Te dirá que parece triste, o enfadado, o que tiene miedo. Eso es exactamente cómo tu hijo se empieza a sentir.

No lo sabe identificar en sí mismo, pero puede hacerlo en la mirada del Sr. Búho.

Una vez que tiene identificada la emoción que «siente el Sr. Búho», pídele que imagine que es él quien la siente; que sienta cómo se sentiría si fuera él quien estuviera triste, enfadado, asustado, etc.

Le resultará sencillo de hacer si habéis practicado los ejercicios del capítulo anterior.

Sintiéndose como se siente el Sr. Búho, invítale a que coja todo el aire que pueda, llenando del toda su barriga y su pecho, hasta que no le quepa ni una pizca más, y sienta que todo su cuerpo va a estallar de tanto aire que lleva dentro. Entonces, pídele que suelte el aire de golpe, por la boca, vaciándose completamente mientras imagina que el aire arranca esa sensación de su cuerpo. Ha de soltar TODO el aire y relajarse.

Dile que vuelva a mirar al Sr. Búho. Ahora el dibujo le mirará de distinta forma, porque su nuevo amigo ya no se siente ni triste, ni enfadado, ni asustado, ni lo que fuera que hubiese visto antes en sus ojos.

Si todavía viera alguna emoción vuelve a hacer este ejercicio hasta que el Sr. Búho solo le mire inexpresivo, con cara de búho.

Utilízalo en esos momentos que notes que tu hijo empieza a sentirse incómodo, que se inquieta, que se altera. De la mano del Sr. Búho estarás adentrándote en el universo emocional de tu hijo, le estás ayudando a identificar esa emoción, a soltarla, es decir, a gestionarla para recuperar su equilibrio.

¡¡Vuela!!

Este ejercicio se basa en dos de los juegos que te planteaba en el capítulo anterior: «Mi cuerpo me habla» y «Los colores de las emociones».

En el primero, «Mi cuerpo me habla», aprendisteis a localizar en el cuerpo las emociones, y para realizar este nuevo juego que te propongo, es por donde vamos a comenzar.

Cuando observes que tu hijo está saliéndose de su calma, alterándose o te cuente que está sintiendo algo, sepa o no sepa ponerle nombre, invítale a que con el radar de aquel ejercicio identifique DÓNDE en su cuerpo siente algo que antes no estaba ahí. Puede sentirlo en forma de calor, de cosquilleo, de presión, de punzada… de mil formas que encuentra nuestro cuerpo para hablarnos, solo hay que escucharle.

Invítale a cerrar los ojos, a hacer un par de respiraciones profundas y pídele que pase el radar imaginario por su cuerpo. Déjale que se tome su tiempo, guarda silencio y simplemente acompáñale.

Cuando tenga identificado DÓNDE lo siente, lánzale preguntas como las del juego «Los colores de las emociones»:

Si eso que sientes en tu cuerpo fuera una cosa:

¿Qué forma tendría?
¿Qué color?
¿Qué tamaño?
¿Pesa?
¿Está frío o caliente?
¿Es duro o blando?
Si tuviera un olor, ¿a qué olería?
Si tuviera un sabor, ¿a qué sabría?
¿Cómo es su textura?

Con tus preguntas le has llevado a crearse una imagen mental de la sensación emocional. Ya no es una sensación, sino una cosa que puede «ver» y describir perfectamente.

Con esa imagen mental en la cabeza, invítale a que coja todo el aire que pueda llenando su barriga y su pecho completamente, hasta que no le quepa ni una pizca más, hasta que sienta que hasta su cuerpo va a estallar de tanto aire que lleva dentro.

Entonces dile que suelte el aire de golpe por la boca, vaciándose completamente mientras imagina que eso que «veía» sale volando por los aires. Ha de soltar TODO el aire y relajarse.

Hecho el ejercicio, pídele que vuelva a pasar el radar: seguramente haya desaparecido y esté tan animado y sereno como siempre. Si aún quedara algo, podéis volver a hacer el ejercicio todas las veces que necesite, siempre creando esa imagen mental de algo que SALE VOLANDO lejos.

Jin Shin Jyutsu o «El Arte de la Felicidad»

El Jin Shin Jyutsu es una técnica de liberación emocional que se basa en conceptos de las medicinas tradicionales china y japonesa. Según estas, cada uno de los dedos de nuestra mano está vinculado con una emoción concreta. Ejerciendo presión en el dedo correspondiente es posible trabajar la emoción que nos está alterando:

- Dedo pulgar: Está relacionado con la preocupación y el estrés tanto a nivel mental como físico; trabajar sobre ese dedo nos ayuda a encontrar el equilibrio.
- Dedo índice: Tiene relación con el miedo.
- Dedo corazón. Gestiona el cansancio, la rabia y la agresividad.
- Dedo anular: Está relacionado con la tristeza y las dudas. Trabajar sobre este dedo nos ayudará en la toma de decisiones.
- Dedo meñique: Se relaciona con la apatía, el desánimo, la ansiedad y la falta de energía; también con la pretensión, es decir, aparentar lo que no se es. Trabajar sobre ese dedo es de gran ayuda para aquellas personas que lloran por dentro y ríen por fuera.
- Centro de la palma de la mano: Une todos los estados emocionales antes mencionados.

Como verás a continuación, resulta francamente sencillo de realizar, por eso te animo a que enseñes a tu hijo a realizarlo, para que pueda utilizarlo en su día a día, como su «botiquín de primeros auxilios»:

- Cierra tu puño izquierdo y envuélvelo por completo con tu mano derecha, presionando con intensidad. Transcurridos diez segundos cambias las manos, la izquierda envuelve al puño derecho.
- Abre tu mano y extiende bien los dedos.
- Envuelve el dedo correspondiente a la emoción que quieras trabajar con la mano contraria y aprieta durante unos treinta segundos.
- Mientras aprietas, concéntrate en tu respiración, inhalando lo más profundamente posible y exhalando lo más lento y suave que puedas. Puedes escoger cualquiera de los juegos que aparecen dentro del primer capítulo, Respira, para que le resulte más sencillo y entretenido.
- Transcurridos esos treinta segundos, suelta la presión y espera otros treinta segundos antes de volver a presionar el dedo o los dedos que queráis trabajar.
- Dedícale cinco minutos a cada dedo como mínimo y termina con treinta segundos más de presión sobre la palma de la mano.

Puedes repetir el procedimiento cuantas veces necesites, pudiendo hacer este ejercicio con otro dedo si necesitaras aliviar otra emoción, acordándote de trabajar una mano cada vez. La mano izquierda por las mañanas y la derecha por las noches.

Como es una técnica muy discreta y muy sencilla, anima a tu hijo a usarla en el colegio, para tranquilizarse antes de un examen, o en el mismo momento que sienta que una situación le incomoda o le altera. Se trata de prevenir que esa emoción se dispare.

Manos a la obra

¿Cuántas veces no habrás visto que tu hijo está intranquilo, acelerado, de esos días que solemos decir que «no se aguanta ni él»? Eso ocurre porque alguna emoción le está nublando su horizonte y necesita recurrir a una actividad relajante, a la vez que divertida y entretenida, que le saque de ese bucle.

Como habrás descubierto en los primeros capítulos de este libro, la concentración en una tarea nos aporta relajación, por tanto, ¿qué mejor que relajarnos concentrándonos en una tarea creativa?

Pintar, dibujar, hacer manualidades, es decir, crear, es un excelente aliado cuando necesitamos conectar con nosotros mismos y dejar marchar todas esas malas sensaciones.

La arte-terapeuta Victoria Nazarevich ha investigado sobre cada una de las sensaciones y emociones, relacionando cada actividad artística con un estado emocional. Invita a tu hijo a poner en práctica estas sencillas estrategias y verás cómo ambos lograréis calmaros y os iréis sintiendo más tranquilos poco a poco.

¿Qué podemos dibujar?

Si está cansado: flores.

Si está enojado: líneas.

Si está tenso: formas geométricas.

Si se siente decepcionado: copiar otro dibujo.

Si está triste: un arco iris.

Si está desesperado: caminos.

Si está aburrido: borrones de colores diferentes.

Si necesita recordar algo: laberintos.

Cuando está tan cansado que no puede descansar y está irritable: paisajes.

Si quiere entender cómo se siente: un autorretrato.

Si necesita comprender algo: mandalas.

Si necesita organizar sus pensamientos: celdillas o cuadrados.

Si quiere concentrarse en tus pensamientos: dibuja usando puntos.

Para dar con la solución a un problema: olas y círculos.

Si necesita concentrarse: cuadrículas.

Si se siente bloqueado y no sabe por dónde seguir: espirales.

Otras actividades artísticas que pueden ayudarle a gestionar cómo se siente también serían:

Si le duele algo: modelar con plastilina o arcilla.
Si está indignado: romper un papel en pedazos pequeños.
Si tiene miedo: tejer
Si siente angustia: coser una muñeca de trapo.
Si está preocupado: practicar origami o papiroflexia.

No hay límites ni excusas sobre que algo se te dé mejor o peor; no se trata de crear una gran obra, sino de salir lo antes posible de ese estado en el que estamos. Entregándoos a estas actividades alcanzaréis un estado de armonía y serenidad.

El frasco de la calma

> *Me resulta increíble cómo Irene, con lo amorosa que es, puede tener estos ataques de mal genio… Siendo tan pequeña se frustra muy fácilmente y se coge unas rabietas que, la verdad, cada vez llevo peor.*

Almudena, madre de Irene (4 años)

En infinidad de ocasiones, cuando toca lidiar con situaciones como la que comenta Almudena con su hija, los padres nos vemos desbordados por desconocer cuál sería la forma más adecuada para gestionar situaciones como estas. Por eso te invito a explorar una técnica muy adecuada para estos casos: el frasco de la calma.

El frasco de la calma es una técnica que diseñó María Montessori[18], una pedagoga italiana que dedicó su vida a diseñar un

---

[18] María Montessori (1870-1952), pedagoga, psiquiatra, filósofa, antropóloga, bióloga, fue la primera mujer italiana que se graduó como doctora en medicina. Supuso una revolución en los métodos pedagógicos de principios del siglo XX. Defendía que el juego es la principal actividad a través de la cual el niño observa e investiga todo lo relacionado con su entorno, de una manera libre, lúdica y espontánea.

método que facilitara el aprendizaje de los más pequeños de una manera divertida. Para lograr este objetivo, se centró en diferentes actividades que ayudasen a los niños a relacionarse, entre otros aspectos, con sus emociones.

Como ya adelanté en el capítulo sobre relajación, el frasco de la calma es un bote lleno de un líquido en el que hay partículas de purpurina que se mueven por su interior y que, a través de la atención enfocada y manteniendo un ritmo respiratorio constante, permiten que nuestro sistema nervioso regrese al estado de calma y equilibrio.

Agita el frasco y enseña a tu hijo cómo la purpurina se mueve de forma descontrolada, del mismo modo que lo hacen sus pensamientos y emociones cuando se enfada o se siente frustrado. Permítele observar cómo, si dejamos ese frasco quieto, la purpurina regresa lentamente al fondo del frasco, como nos pasa a nosotros. Si nos damos un instante, si nos relajamos, la tormenta pasa y nos sentimos mejor.

Además de ser un modelo que te puede servir para que tu hijo se dé cuenta de lo que ocurre dentro de su mente de una forma visual, la propia caída lenta de partículas brillantes genera un estímulo visual para hacer llegar una señal al cerebro que permita la disminución de la agitación y favorezca el equilibrio emocional.

- **¿Cuál es su objetivo?**

El objetivo es que cuando los niños estén alterados o incómodos porque no saben cómo manejar una emoción utilicen el frasco de la calma. Observando la brillantina moviéndose en su interior se tranquilizarán, se olvidarán por un momento de lo que ha causado su rabieta y podrán, posteriormente, hablar de ello sin problemas. El frasco de la calma capta su atención de tal manera que hace que se olviden de todo, que su mente se quede «en blanco».

Desde que usamos el frasco de la calma, Mateo es capaz de identificar cuándo empieza a ofuscarse, antes de llegar a enfadarse o frustrarse, y él mismo me propone que lo miremos juntos. Lo tengo al alcance de su mano, para que sepa que puede recurrir a él cuando se sienta «raro».

Teresa, madre de Mateo (7 años)

- **Es una técnica para conectar con su estado emocional, no es una nueva forma de castigo**

Es posible que puedas pensar que es una forma moderna de poner a tu hijo «mirando a la pared» como nos hacían a nosotros cuando no nos portábamos bien, pero es bien distinto.

Mientras enviarnos a «la silla de pensar» solo hacía que nos retroalimentáramos en el sentimiento que nos había llevado allí, tiempo muerto sin hacer nada más que pensar, pensar en algo que ni sabíamos qué era, ni entendíamos cómo nos sentíamos y además nos poníamos profundamente tristes (o enfadados) por haber sido ENCIMA castigados, el frasco de la calma tiene un objetivo claro: apartar la atención a la emoción o sentimiento que se nos ha despertado para darnos un tiempo para serenarnos.

El hecho de pararse a observar el frasco de la calma no queda ahí. Hay que hablar con los niños y ayudarles a expresar lo que han sentido y qué ha sido lo que se lo despertado

¿Qué has sentido?
¿Cuál fue el motivo de tu, por ejemplo, enfado?
¿Qué te llevó a sentirse tan furioso?

Cuando tenemos las emociones a flor de piel no podemos pensar con claridad; sin embargo, una vez nos tranquilizamos, podemos ver esa situación desde una perspectiva más calmada y más clara. Desde esa nueva perspectiva nos daremos cuenta de que, seguramente, nuestra reacción ha sido desproporcionada.

Serenidad y perspectiva: Eso es lo que buscamos que los niños desarrollen utilizando el frasco de la calma. Gracias a esta técnica serán capaces de gestionar sus emociones de una manera eficaz, sin actuar de forma impulsiva, sino que se permitirán un tiempo para calmarse y, después, analizar lo que ha ocurrido.

Dedica tiempo a tu hijo, el suficiente para que pueda entender el para qué de esta técnica y la interiorice. Siéntate con él, guíale durante la observación, reforzando el sentimiento de calma que irá apareciendo a medida que la purpurina comience a caer, y una vez que el frasco vuelva a estar claro, ayúdale a expresar lo que ha ocurrido. Nunca le dejes solo haciendo este ejercicio; es importante que permanezcas a su lado para que no lo viva como una forma de castigo.

Te propongo fabricarlo con ellos, como una actividad de manualidad más.

Materiales necesarios:

- Un frasco de plástico transparente (para evitar que se pueda romper fácilmente) de unos 500 cc.
- 1 bote pequeño de cola transparente o silicona líquida.
- Brillantina o purpurina del color favorito de tu hija/o.
- Agua caliente.
- 4 cucharadas de champú o jabón líquido transparente.
- Pegamento fuerte o silicona para sellar la tapa.

Las diferentes densidades del jabón y del pegamento harán que la purpurina se mueva a diferentes velocidades y de diversas formas.

- Mezcla el agua, la cola, y el jabón dentro del frasco, dejando un dedo de aire para que haya movimiento. Agita bien para que todo se mezcle perfectamente mientras el agua aún está caliente.
- Añade la brillantina.
- Finalmente, pega la tapa del frasco y asegúrate de que quede bien sellada, sin peligro de que se abra y se derrame el contenido.

El frasco de la calma, una técnica también para ti.

La verdad es que ahora lo cuento como una anécdota
divertida pero cuando ocurrió, de primeras, me sentí

ÓLIVER, PADRE DE OLY (8 años)

El frasco de la calma no solo es aplicable a los niños, sino que los padres también podemos beneficiarnos mucho de él. A nosotros también nos cuesta mucho lidiar con nuestras propias emociones, gestionarlas de forma adecuada, entenderlas y expresarlas. Por eso, sería francamente beneficioso que todos pusiéramos esta técnica en práctica.

Utilízalo, cómo no, en esos momentos en los que tus hijos te empiezan a crispar, por una cosa o por otra, para darte un instante de reflexión antes de tomar una decisión no demasiado acertada, imponer un castigo o simplemente alzarles al voz.

Hablemos el idioma de las emociones

Enseñemos a nuestros hijos a comunicarse de corazón a corazón, ya que el idioma de las emociones es el que mejor se entiende.

Como has ido descubriendo a lo largo de este libro, que con este último capítulo llega a su fin, los padres somos en quienes nuestros hijos se miran para convertirse en adultos y, nos guste o no, copian todas nuestras actitudes, nuestras opiniones, nuestras expresiones y lo que es más importante: copian nuestra forma de afrontar la vida.

Ser la persona que más influye en nuestros hijos supone que todo lo que expresamos va directo a su corazón.

Utilizar con nuestros hijos la ironía, prohibir, castigarles, mostrar sobre-protección, invalidar sus decisiones o pensamientos, gritarles, insultarles o mofarnos son actitudes que quizá mantenemos con ellos, sin pararnos a pensar que son precisamente esas actitudes las que nos duele a nosotros, como adultos, recibir de otros.

Sin darnos cuenta, utilizamos todas esas «herramientas» con la mejor de las intenciones: la de educarles, aunque además de educar estemos generando en ellos una serie de creencias que les limitarán: «Soy un desastre, no hago nada bien…», «Necesito a mi padre para hacer las cosas…», «No soy capaz…»., «Mis decisiones son equivocadas…».

Muchísimas de las reacciones, actitudes y comportamientos de nuestros hijos tienen explicación cuando nos damos cuenta de la forma en la que nosotros, los adultos, nos comunicamos en el hogar. Solemos ser poco asertivos, apenas empáticos y escasamente comprensivos con las necesidades emocionales de los otros miembros de la familia, de nuestra pareja, de nuestro círculo de amistades. Nos convertimos en nuestros críticos más severos y en nuestros superiores más estrictos, hablándonos con poco cariño.

Si lo hacemos así con nosotros mismos, ¿cómo podemos no hacerlo con los demás?

Me gusta pensar en las emociones como en un activo, un capital, y como tal puede ser malgastado o puede escasear; también produce intereses e incluso podemos invertir en él y con él.

Si a lo largo de cada día corregimos quince veces en negativo a nuestros hijos, les decimos NO en otras quince ocasiones y olvidamos decirles lo orgullosos que nos sentimos de ellos u olvidamos estimularlos de forma positiva, nuestros hijos se quedarán sin saldo positivo en el «Banco de las Emociones», y, sin saldo suficiente, ¿cómo van a llegar a «fin de mes» (es decir, a la edad adulta)?

Por supuesto que llegarán a ser adultos, pero lo harán con carencias y con dolor y esfuerzo, sintiéndose insatisfechos consigo mismos.

Como adultos todos deseamos disfrutar de una economía saneada que nos permita iniciar proyectos y alcanzar sueños y a nuestros hijos les pasa lo mismo. La única diferencia es que en su «cuenta corriente» no acumulan dinero, sino emociones que les van ayudando a, poco a poco, desarrollar su autoimagen, aprender a valorarse, generar empatía, tener seguridad en sí mismos, desarrollar una sana autoestima…

Todos los ingresos o salidas «de capital» dependen única y exclusivamente de nosotros, sus padres.

Al hacernos padres nos convertimos en los encargados de velar por su bienestar a todos los niveles, por tanto, nuestra misión es ayudarles a que tengan su «cuenta corriente emocional» rebosante y saneada.

Cuando crezcan y salgan al mundo, ellos serán los responsables de mantener un saldo adecuado, pero mientras estén a nuestro cargo procuremos no olvidar hacer cada día un ingreso de al menos cinco frases positivas, como alguna de estas que os sugiero.

Reforcemos su autoestima y su identidad:
- Me encanta cómo eres.
- Eres especial.
- ¡Te quiero, te quiero, te quiero!
- Me siento feliz cuando estoy contigo.
- Me encanta la personita en la que te estás convirtiendo.
- No necesitas compararte con nadie, no hay nadie como tú.
- No tenemos que ser buenos en todo, cada uno tiene talentos distintos.

Enseñémosles a sentirse válidos y competentes:
- ¡Eres fantástico! Mira lo que has conseguido.
- Veo que disfrutas mucho haciendo eso.
- Te está saliendo genial: ¡Sigue así!
- Aún se puede mejorar. Sigue practicando y seguro que lo conseguirás.
- Estoy segura de que lo puedes hacer mejor.

Fomentemos la comunicación, ayudándoles a estar seguros de que sus opiniones merecen ser escuchadas:
- No opino lo mismo que tú, pero agradezco tu punto de vista que me parece interesante.
- ¿Tú qué opinas? Me interesaría conocer tu opinión.
- Esa idea me parece fantástica.
- Yo no lo veo de la misma manera. ¿Por qué piensas así?
- Esa es una buenísima observación. Gracias.
- Vaya… esa es una pregunta muy interesante.

Estimulemos actitudes responsables:
- Sé que puedo confiar en ti.
- Me has demostrado que eres responsable.
- Equivocarse es bueno, yo también lo hago. Nos enseña a mejorar.
- Esto no te lo permito, pero nunca dudes lo mucho que te quiero.
- Seguro que puedes tomar una decisión: Confía en ti mismo.

Fomentemos su espíritu emprendedor y aventurero:

- Yo estoy seguro de que puedes. ¡Atrévete!
- Ahora que has visto en qué te has equivocado, inténtalo de nuevo. Seguro que ahora te resulta más fácil.
- ¡Mira lo lejos que has llegado!
- Seguro que encuentras una solución mejor.
- Inténtalo, no importa si lo consigues o no. Yo también me equivoco muchas veces.

Apoyemos sus iniciativas y fomentemos la colaboración:

- Gracias por tu ayuda.
- Lo que has hecho ha sido muy importante para mí.
- Yo lo habría hecho de otra forma, pero así está perfecto.
- Tómate tu tiempo para hacerlo.
- ¿Me ayudas? Seguro que entre los dos es más fácil.
- Sé que te ha costado mucho esfuerzo por eso te lo agradezco más.

Brene Brown, socióloga y catedrática de la Facultad de Trabajo Social de la Universidad de Houston, es conocida por su interesante estudio de campo, en el que estudiaba figuras como la vulnerabilidad, el coraje y la culpa. En su obra *Frágil*, plantea la figura de la vulnerabilidad como «aquello que llevamos toda la vida intentado localizar en los demás, pero haciendo lo imposible por ocultar en nosotros». Ser vulnerable no significa ser débil, sino que es muestra de una gran fortaleza. Significa ignorar el «qué dirán», dar la cara, mostrarse como uno es en realidad. Según la Dra. Brown, nuestra forma de ser y la forma en la que nos relacionamos con el mundo son los indicadores más fiables de cómo serán nuestros hijos. Nos encontramos inmersos en la cultura del «nunca es suficiente», y en ese contexto tenemos la misión de enseñar a nuestros hijos a atreverse, a arriesgarse.

Solemos cuestionarnos si, como padres, lo estaremos haciendo bien, cuando lo verdaderamente útil para nosotros sería dar a nuestros pensamientos un toque de humildad y preguntarnos:

¿Soy el adulto que desearía que mi hijo fuera el día de mañana?